KB049285

몽록(夢鹿) 법철학 연구총서 8

프란츠 폰 리스트의 형법사상

마르부르크 강령

Der Zweckgedanke im Strafrecht

(Marburger Programm)

프란츠 폰 리스트 지음

심재우/윤재왕/홍영기 옮김

해제: 차병직

박영사

옮긴이 서문

본 역문은 독일 형법학자 프란츠 폰 리스트Franz von Liszt의 「형법의 목적사상(Der Zweckgedanke im Strafrecht)」의 전역이다. 이 논문은 일명 「마르부르크 강령(Marburger Programm)」이라고도 불리며, 형법학에 있어서 코페르니쿠스적 전환을 이루어놓은 것으로 평가되고 있다. 오늘날까지 형법학에서 널리 인용되고 있는 "처벌받아야 할 것은 개념(행위)이 아니고 행위자이다"라는 유명한 문구는 바로 이 논문에서 언급된 것이다. 리스크는 형법학에서 종래까지 지배적이었던 응보형 사상을 단호히 배척하고 목적형 사상을 이에 완전히 대체시키는 혁명적 작업을 벌였으며 평생토록 이 일에 모든 정열을 쏟은 학자이다. 즉, 형벌은 법익 보호의 목적을 위한 수단이지 그 자체 응보로서의 자기목적을 갖고 있는 것이 아님을 역설하고 이에 바탕한 새로운 형법관의 확립에 노력했다. 오늘날 정도의 차이는 있지만 그의 목적형 사상의 영향을 받지 않은 형법이론은 거의 없을 것이다. 그리고 그의 노력은 헛되지 않아 1975년에 전면적으로 개혁된 독일 신형법전 속에서 실질적인 결실을 맺었다. 그의 사상이 얼마만큼 독일 신형법에 반영되어 들어갔는지는 이 논집에 실려 있는 또 하나의 역문 「프란츠 폰 리스트와 독일 형법택일 초안의 형사정책적 입장」에서 구체적으로 확인할 수 있을 것이다.

본 논문은 이미 고전에 속하는 것으로서 그 원문을 입수하기는 대단히 어려운 형편이고, 또 우리말로 번역된 것도 없어서 형법학을 연구하는 데 필요한 자료를 제공한다는 뜻에서 우리말로 옮겨본 것이다.

1977년 11월

고려대학교 연구실에서

심재우

* 이 글은 심재우 교수가 1977년 『법률행정논집』(제15권)에 기고하면서 최초의 번역 원고 앞에 붙인 머리말이다.

차례

해제

리스트의 생애와 목적사상

차병직

Ⅰ. 변화를 위한 기획

세상을 바꿔야 한다는 요구는 항상 존재한다. 부드럽게는 개선, 강경하게는 개혁이나 혁명을 부르짖는다. 하지만 재판제도나 형벌로 살기 좋은 세상을 만들 수 있다고 생각하는 사람은 거의 없을 것이다. 그것은 과거에 일어난 일을 처리하는 작업의 수단에 불과한 것으로 알고 있을 뿐이다.

그런데 그렇게 생각하지 않는 사람도 있다. 한 세기도 더 전의 프란츠 폰 리스트가 그런 사람이었다. 형법학자인 그는 형벌 제도로 사회를 변화시킬 수 있다고 믿었다. 범죄가 일어나지 않는 안전한 사회야말로 누구나 원하는 세상이 아니겠는가. 그 사상의 핵심을 담고 있는 것이 바로 『마르부르크 강령』이다.

리스트는 법학의 세계 바깥에서는 잘 알려지지 않은 인물이다. 종이로 인쇄된 브리태니커만 하더라도 이 리스트에 대해선 단 한 줄도 할애하고 있지 않다. 대신 피아니스트 프란츠 리스트는 누구나 알 정도로 유명하다. 형법학자 리스트는 헝가리에서 태어난 피아니스트 리스트의 사촌 동생이다. 형제 사이라도 피아니스트 리스트는 나이가 40세 위였는데, 프로이센에서 받은 작위를 훗날 오스트리아의 리스트 아버지에게 넘겨주었고, 그것이 다시 아들에게 승계돼 형법학자 리스트의 성 앞에 '폰'이 붙게 되었다.

물론 리스트는 법학을 한 사람들은 거의 대부분 안다. 그 방면에서 그는 지명도가 높은 인물이어서, 톨스토이의 『부활』에도 등장한다.[1]

---

1 리스트의 이름이 『부활』에 나온다는 이야기를 읽은 적이 있어 프랑크푸르트의 윤재왕에게 전화를 하였더니, 인터넷으로 검색하면 금방 확인할 수 있으니 애써 그 긴 소설을 다시 펼치지 말라고 하였다. 그래도 퇴근길에 지하의 서점에 들러 『부활』을 찾아 들었다. 확률이 높을 것 같아 카추샤가 감옥에 들어간 뒤인 제2부부터 빠른 속도로 책장을 넘기기 시작하였는데, 10분도 채 지나지 않아 제30장의 뒷부분에서 리스트의 이름을 발견하였다. 주인공 네흘류도프가 형사재판에 대한 본질적 의문을 품고 그 해답을 구하기 위해 "롬브로조, 가로팔로, 페리, 리스트, 모즐리, 타르드 등이 저술한 책을 사서 열심히 읽었다"는 구절이었다. 그런데 다수의 한글 번역판에서 역자들은 친절하게 주석을 달았는데, 페리를 미국의 철학자라고 하는가 하면 리스트는 독일의 경제학자라고 설명하였다. 고개를 갸웃하며 집에 갔더니 프랑크푸르트에서 메일이 도착해 있었는데, 『부활』에 리스트는 등장하지 않는다는 회신이었다. 내심 아날로그가 디지털을 이겼다고 쾌재를 부르면서, 그 사실을 알렸다. 다시 연락이 오기를, 인터넷에서 『부활』의 독일어 번역본과 영어 번역본을 찾아보았더니 Ferri는 Ferry로, Liszt는 List로 표기돼 있다는 것이었다. 그러니 전날 검색에서는 나타나지 않았던 것이다. 엔리코 페리가 아닌 랠프 페리라는 미국의 철학자가 있었고, 프란츠 폰 리스트가 아닌 프리드리히 리스트라는 독일의 경제학자도 있었다. 그러나 소설의 맥락으로나 연대로 보아 Ferry가 아니라 Ferri, List가 아니라 Liszt가 틀림없었다. 톨스토이가 형벌 문제에 관해 쓰면서 당시 유럽에서 크게 반향을 일으켰던 범죄 및 형법학자들에게 관심을 가졌고, 이탈리아어의 페리와 독일어의 리스트 이름은 발음대로 러시아어로 표기하였을 것이다. 그런데 그것을 독일의 번역자가 다시 독일어로 되옮기면서 Ferry와 List로 표기하였다. 그러다 보니 일본 번역판이나 영어 번역판을 대본으로 하거나 참조한 우리 번역자들이 사람을 오인하여 그렇게 적극적 실수를 한 것이다. 이것이 우리의 추론이었다. 그렇지 않으면 톨스토이에게 직접 물어보지 않는 한 정확한 것은 알 수 없었다. 하지만 거기서 멈추지 않고 기어이 러시아어 원문을 확인해 보았더니 페리는 Ферри, 리스트는 Лист로 돼 있었다. 그 시간에 윤재왕은 프랑크푸르트 시내의 서점으로 가서 『부활』의 최신 독일어 번역판을 확인해 보았는데, 거기엔 Ferri와 Liszt로 돼 있었다. 게다가 추가로 확인한 사실도 있었다. 톨스토이의 친구 중에 마이어라 불리는 사람이 있었는데, 당시 독일로 가서 법학을 공부하였다. 마이어는 유학중에도 정기적

이러한 리스트의 짧지만 강렬한 메시지를 담은 형벌론이 구체적으로 어떤 내용과 의미를 담고 있으며, 또 왜 법률가가 아닌 사람도 한 번쯤 읽을 가치가 있는지 살펴보기로 한다.

Ⅱ. 리스트의 생애와 학문

1. 출생에서 대학까지

리스트는 1851년 3월 2일 오스트리아의 빈에서 훗날 오스트리아 검찰총장을 역임한 에두아르트 리터 폰 리스트의 아들로 태어났다. 그가 출생한 연도는 같은 해에 이탈리아에서 라파엘레 가로팔로가, 그보다 16년 전에는 체사레 롬브로조, 8년 전에는 가브리엘 타르드가, 그리고 5년 후에는 엔리코 페리가 탄생했다는 사실로 형사법학의 역사 속에서 의미를 구성한다.

리스트는 1869년 빈 대학 법과대학에 입학하면서 미래에 속한 형법학자의 기초를 다지게 되었다. 당시 빈의 법과대학에서는 율리우스 글라저, 빌헬름 에밀 발베르크, 루돌프 폰 예링이 눈부신 학문 활동을 펼치고 있었다. 그 활동의 중심은 글라저와 발베르크가 주도한 빈 형법학파였다. 그들은 당시 독일 형법학계를 지배하고 있던 헤겔학파의 추상적이고 형이상학적인 경향에 반기를 들고, 형법의 인도주의적 이

으로 톨스토이를 만났는데, 그가 당시 리스트를 비롯한 이탈리아 학파의 동향과 형벌론에 관해 얘기해 주었을 가능성이 높다. 마침내 우리는 톨스토이의 무덤까지 찾아가지 않아도 되었다.

해와 진화적이고 역사적인 고찰에 중점을 두면서 반철학적 태도를 드러내었다. 발베르크는 범죄를 기회범과 상습범으로 나누고, 이러한 범죄의 분류에 따라 행형이 분화될 수 있어야 한다고 주장했다. 바로 그 생각은 훗날 리스트의 형벌관에 영향을 미치게 되었다.

리스트의 사상에 가장 큰 영향을 준 스승은 단연코 예링이었다. 예링은 리스트가 졸업하기 1년 전인 1872년 여름까지 빈 대학에 재직하였는데, 괴팅겐으로 떠나기 직전 그 유명한 『권리를 위한 투쟁』을 출판하였다. 리스트는 로마법 정신론에서 출발하여 개념법학의 비판을 거쳐 목적론에 이르는 전환기의 예링으로부터 학문적 감화를 받기 시작하였다.

예링을 향한 강렬한 열정을 이기지 못한 리스트는 빈 대학 졸업과 동시에 예링이 있는 괴팅겐으로 가서 1874년 후반의 한 학기를, 이어서 예링이 다닌 적이 있는 하이델베르크로 옮겨 또 한 학기를 보냈다. 그 1년의 연구로 「위증죄론」이란 제목의 교수자격 논문을 완성하였고, 바로 그라츠 대학에서 강사로 가르치기 시작했다. 그라츠에서 교수자격 취득 논문을 책으로 발간하였는데, 리스트는 그것을 자기 아버지의 뒤를 이어 검찰총장이 된 글라저에게 헌정하였다. 1878년에는 『오스트리아 출판법 교과서』를 썼으며, 다음 해 예링의 추천을 받아 헤르만 조이펠트의 후임으로 기센 대학 교수로 취임하였다.

2. 기센

리스트가 독일 중부 지방 헤센의 작은 도시 기센에서 학문 활동을 시작할 무렵 형법학계의 동향을 이끈 사람은 칼 빈딩, 아돌프 메르켈, 칼 안톤 요제프 미터마이어 등이었다. 빈딩은 『규범과 규범 위반』으로 일반법학적 경향을 형법의 영역에서 철저화하고자 했고, 메르켈은 『형법 연구』에서 헤겔 철학의 극복을 시도하였으며, 재판과 행형의 문제 같은 실증적 연구는 미터마이어에 의해 배양되고 있었다. 일반적으로 요약하면 형법의 법학적 연구가 좁은 시야에서 벗어나 더 넓은 사회학적, 생물학적 연구와 관련한 활동으로 전개되기 시작하였다. 특히 범죄통계학과 범죄인류학의 발흥은 경이와 관심의 초점이 되었다. 랑베르 아돌프 자크 케틀레와 알렉산더 폰 외팅겐 등이 주도한 범죄통계학은 범죄의 사회적 원인과 범죄자에 대한 사회의 연대책임을 강조하였고, 롬브로조와 페리가 선두에 선 범죄인류학은 범죄의 생물학적 유전의 측면에 관심을 두었다. 프랑스의 타르드는 범죄는 모방에 기인한다는 이론을 정립하고 있었다. 이러한 사상적 조류 속에서 리스트는 철학적으로는 실증주의, 형법학적으로는 목적주의, 그리고 신흥 과학으로서 통계학적 방법론과 범죄인류학적 연구 성과로부터 크게 자극을 받았다.

기센에서 리스트는 『독일 출판법론』과 『독일제국형법』을 출간했다. 『독일제국형법』은 간결하게 정리된 473페이지의 교과서였는데, 위법성에 독립적 지위를 부여하는 등의 참신한 체계로 호평을 받았다. 1884년에 2판을 내면서 분량을 늘려 대형화하였고, 제목도 『독일 형법 교과서』로 바꾸었다. 이 책은 리스트가 사망한 1919년까지 22판을 거듭했고, 이후에는 그의 제자 에버하르트 슈미트가 이어받아 개정했다. 1927년 25판에서 슈미트는 규범적 책임론의 입장으로 변경하는 개정을 단행하면서 수준 높은 교과서로 높은 평가를 받았다. 1932년에는 총론과 각론으로 분책하기에 이르렀는데, 이것이 리스트-슈미트 교과서로 불리는 바로 그 책이다.

기센 시대의 업적에서 1881년에 창간한 〈총체적 형법학 잡지(ZStW)〉를 빼놓을 수 없다. 1880년 가을 라이프치히에서 열린 독일법조대회에서 리스트는 할레 대학의 아돌프 도호우를 만나 공동작업으로 학술잡지를 만들기로 합의했다. 따라서 ZStW는 한동안 〈도호우-리스트 잡지〉로 불리기도 하였다. ZStW의 목적은 형법과 형사소송법에 출판법 및 기타 형법보조과학을 포괄적으로 다루면서 형사학의 중추적 기관지로 독일과 아울러 외국의 형사 입법은 물론 형법학의 현상과 발전 전반에 관련하여 가능한 한 충실하고 완전한 실상을 제공하는 것이었다. 국적과 학설에 구애받지 않고 형법학의 진전을 염원하는 모든 사람의 협동 작업을 목표로 하였는데, 1호에는 훗날 리스트의 논적이 된 빈딩과 롬브로조, 2호에는 페리의 글을 게재하기도 하였다. 그러나 젊은 시절부터 촉망받는 형법학자였던 도호우가 ZStW를 창간한 해에 사망하고 말았는데, 칼 폰 릴리엔탈, 로베르트 폰 히펠, 에두아르트 콜라우쉬가 가세하여 1941년에는 60호를 내게 되었다. ZStW는 그 이전에 발간된 〈법정〉과 함께 독일에서 가장 영향력 있는 법학전문 잡지로 어깨를 나란히 했고, 1889년 1월 국제형사법학회가 창립된 이후로는 신파 형법학의 기관지로 역할을 했다. 리스트의 개인적 영향력과 포용성이 ZStW를 독일 형법학의 학문적 수준을 세계 최고의 것으로 만들었다는 평가에 이의를 제기할 사람은 없을 것이다.

1980년대 초반, 기센 대학에 〈프란츠 폰 리스트 연구소〉가 설립되었다.

3. 마르부르크

1882년, 리스트는 마르부르크 대학으로 옮겼다. 마르부르크에 도착한 리스트는 취임 기념으로 강연을 했는데, 바로 그것이 「형법의 목적사상」이다. 「마르부르크 강령」이라고도 불리는 이 유명한 강연 원고는 그다음 해 마르부르크의 『대학논집』에 수록되었고, ZStW 3호의 첫 페이지에 실렸으며, 1905년 두 권으로 묶어 낸 리스트의 저서 『형법의 논문과 강연』 중 제1권 126페이지 이하에 재수록되었다.

마르부르크 시절 주목할 만한 리스트의 학문 활동은 빈딩의 규범론에 대한 비판이다. 리스트는 빈딩의 법익 개념과 행위 개념을 비판하면서, 빈딩 형법론의 사상적 편향성과 극단적 일면성을 신랄하게 지적하였다. 그에 대하여 빈딩은 리스트와 신파 형법학자들을 '법적 허무주의자', '딜레탕트', '자신 없는 사람들'이라 몰아붙이며 맹공을 퍼부었다. 이 논쟁은 훗날 비르크마이어에게까지 이어지면서 모든 학파의 싸움으로 확산되었다. 다른 한편, 리스트와 빈딩의 치열한 논쟁은 그것을 지켜보던 구스타프 라드브루흐가 리스트의 추종자가 되기로 결심한 계기로 작용하였다.

1889년부터 리스트는 ZStW에 「형사정책적 과제」라는 제목으로 3년에 걸쳐 논문을 발표하였는데, 형법학자란 단지 형법학자로서 머물러서는 안 되며 범죄생물학이나 범죄사회학 같은 인접 분과 학문의 내용을 섭취하여 형벌 문제의 실질적 해결에 노력해야 한다고 강조하였다. 그 생각은 그해 1월 1일 창립한 국제형사학협회의 프로그램에 대한 자신의 구상과 맞물려 있었다. 국제형사학협회는 리스트의 「형법의 목적사상」에 깊이 공감하고 있던 브뤼셀 대학의 아돌프 프린스와 암스테르담 대학의 게라르두스 안토니우스 반 하멜이 리스트와 손잡고 설립하였다. 세 사람의 기본 구상은 형사학의 발전을 학문의 국제적 협력을 통해 실현해야 하며, 형법에 관련된 개개의 현실 문제는 모두 국제적 의미를 지닌다는 생각을 바탕으로 한 것이었다.

국제형사학협회는 범죄와 형벌의 연구는 법률적 측면과 사회적 측면의 양방향으로 동시에 행해야 한다는 신념에서 출발한다는 점을 분명히 하였다. 그리고 몇 가지 연구의 원칙을 선언했다. 형벌은 범죄 투쟁을 위한 유효한 수단의 하나이지 결코 유일한 수단은 아니다. 형사입법의 기초로 기회범과 상습범을 구별해야 한다. 자유형 중에서 폐해가 많은 단기자유형을 대체할 제도 확립이 절실하다. 개선 불가능한 상습범은 장기 격리처분이 필요하다는 등의 원칙이었다. 그러한 원칙에 도무지 동의할 수 없었던 메르켈과 칼 폰 비르크마이어를 제외하고는 독일, 오스트리아, 스위스, 프랑스, 이탈리아, 러시아, 덴마크, 노르웨이 그리고 미국 등지의 유력한 학자와 실무가들이 대거 국제형사학협회에 참여하였다.

그 밖에도 리스트는 1888년에 형사학 세미나를 열었다. 리스트는 연구의 편리를 도모하기 위해 자신의 장서를 모두 제공하며 세미나를 이끌었다. 마르부르크에서 시작한 그 형사학 세미나는 훗날 베를린 대학의 형사학 연구소로 발전하게 되지만, 한편 그것은 그의 은둔과

죽음에도 연결된다.

마르부르크에서 리스트는 형법 외에 민사소송법도 강의하였다. 또한 지금과는 의미나 비중이 좀 다르긴 하지만, 1886년에는 총장에 임명되었다. 1884년 메르켈의 후임으로 모교인 빈 대학의 초빙을 받았으나 거절하고, 1889년까지 마르부르크에 머물다가 그해 가을 할레 대학으로 옮겼다.

4. 할레

할레에서 머문 10년 동안에도 리스트는 왕성한 활동을 하였다. 대학에서는 형법과 국제법을 가르쳤다. 게오르크 크루젠과 공동으로 『유럽 각국의 형법』과 『유럽 이외의 각국의 형법』을 펴냈다. 1893년에는 ZStW 13호에 「목적형론에 대한 결정론적 반대론자」라는 논문을 게재하였는데, 바로 결정론의 입장에서 응보형을 주장하는 메르켈을 비판한 내용이었다.

리스트는 할레에서도 총장직을 맡았는데, 1894년 취임 강연의 제목은 「클라인과 부정기형」이었다. 거기서는 라이프치히 대학의 아돌프 바흐가 집행유예와 부정기형을 두고 외국 제도의 무비판적 모방이라고 비난한 일을 반박하면서, 부정기형 제도는 프로이센의 오랜 전통이란 사실을 사상사적이고 입법사적 관점에서 논증하였다. 「마르부르크 강령」을 위한 싸움은 계속되고 있었던 것이다.

1889년 파리에서 개최된 제2인터내셔널을 전후한 유럽의 기류는 형법학계에도 영향을 미쳤다. 한마디로 요약하면, 유럽 중심의 국제

노동자 조직이 주창하는 사회주의 체제가 실현될 경우 환경이 범죄 발생률과 어떤 관계가 있는가가 논의의 대상이었다. 말년의 예링도 그랬듯이, 사회주의에 적극적 관심을 지니게 된 형법학자들은 사회주의 경제 체제를 형법적 담론의 대상으로 삼아야 했다.

페리는 애당초 경제적 체제의 변혁이 있더라도 범죄는 여전히 존속한다고 하면서, 범죄 원인으로서 사회경제적 요인에 큰 비중을 두지 않았다. 하지만 1893년부터 이탈리아 사회당의 선두에 서면서부터 페리의 태도는 달라졌는데, 범죄자의 반사회적 행위의 궁극적 원인으로 빈곤과 무절제한 생존경쟁을 강요하는 경제적 환경을 꼽았다.

그에 반하여 리스트는 처음부터 범죄에서 사회경제적 요인을 중요시하였지만, 정치적으로 사회주의를 적극적으로 긍정하지는 않았다. 그의 태도는 1898년 드레스덴의 게에Gehe 재단에서 행한 「사회병리적 현상으로서의 범죄」라는 강연에 잘 드러나 있다. 범죄를 환영할 수는 없지만, 범죄는 사회의 필연적 현상이라는 게 그의 기본 입장이었다. 범죄를 처음부터 병리적 현상으로 파악하는 건 무리지만, 예기치 않게 격증하는 범죄는 비로소 병리적 성격을 띤다. 그 병리적 현상의 원인으로는 경제적 상황, 특히 노동자들의 구체적 처지를 뽑을 수 있다고 했다. 예를 들면 노화·질병·재해 등으로 인한 노동불능, 실업, 저임금과 부당한 노동 시간, 주택 조건의 불량, 노사관계의 불평등 같은 사정을 주요 요인으로 들었다. 리스트는 "현재의 사회생활을 변혁하는 것으로 세상에서 범죄를 완전히 없앨 수 있다고 생각하는 것은 유토피아의 세계에 속한다"고 하면서, "노동 계급의 모든 지위를 향상하기 위한 냉정하고도 목적의식적인 사회정책이 가장 유효한 형사정책"이라고 강조하였다.

리스트의 이러한 사상은 지금의 상황과 관점에서는 특별할 것도 없지만, 당시로서는 급진적 태도였다. 예를 들어 그 시절 구파의 대표자라 할 수 있는 빈딩의 사고와 비교해 보면 쉽게 이해할 수 있다. 빈딩은 중대한 문화적 발전에 범죄의 격증 현상은 당연하므로, "범죄의 증가란 상승하는 문화의 상징"이라고 강변했다. 게다가 범죄를 꼭 없애고 싶다면 "모든 인간을 없애버리면 될 것"이라고 했다. 그는 이런 말을 태연하게도 1907년에 발간한 『독일형법요강』 7판의 서문에 썼다. 빈딩은 리스트를 경멸하였고, "마르부르크와 할레의 풋내기"라고 불렀다.

현재 할레 법과대학 건물 이름은 〈프란츠 폰 리스트관〉이다.

5. 베를린

빈딩의 악의적 조롱에도 불구하고 리스트의 명성은 드높아 갔다. 그리하여 드디어 베를린에 입성하는 데 성공하였다. 지금과 달리 당시만 하더라도 독일의 거의 모든 분야는 수도 중심적이었고, 대학도 예외가 아니었다. 따라서 학자의 경우에도 베를린 대학은 선망의 종착지였다.

리스트는 형법학자로서 헤겔학파를 창설한 알베르트 프리드리히 베르너의 후임으로 1899년 가을 학기부터 베를린으로 출근하였다. 취임 강연은 「형법학의 과제와 방법론」이었는데, 신파 형법학의 의미와 근거를 선언적으로 밝혔다. 형법학은 법률해석학에 그쳐서는 안되며, 범죄학과 형벌학은 물론 형사정책학 분야의 연구까지 포괄해야 한다고 역설하였다. 그러면서 구파들이 제아무리 절대주의 형법 이론의 의상을 걸치고 바라본들 그들이 애호하는 형이상학적 사변이 과학, 즉 형법학이 될 수는 없다는 것이 리스트의 과학주의였다.

베를린에서 리스트는 법철학도 강의하였다. 1906년과 그다음 해에 걸쳐 ZStW에 「형사 입법의 정법」을 발표했는데, "내가 믿는 바로는, 당위란 궁극적으로 존재에서 끌어낼 수 있다"고 했다. 그것은 라드브루흐에 대한 대답이었다. 베를린에서 리스트의 제자가 된 라드브루흐는 「법률비교 방법론에 관하여」란 논문에서 "당위는 결코 존재로부터 끌어낼 수 없다. 우리가 아무리 많은 실정법을 탐구하더라도 거기서 정법을 배우는 것은 아니다"라고 한 적이 있었기 때문이다.

빈딩과 싸우는 리스트의 모습에 매료되어 제자가 된 라드브루흐는 베를린에서 서서히 자신의 세계를 구축하면서 리스트의 사상과 거리를 느끼게 되었다. 그리고 어느 순간 가장 신랄한 리스트 비판자로 나서기도 하였다. 겉으로 보기에 라드브루흐의 스승에 대한 원만한 이해는 리스트의 사후에 이루어졌다.

존재와 당위를 둘러싼 철학적 논쟁은 그 후 다른 학자들 사이에서 연장되었지만, 당연히 일치점에 도달할 수 없는 싸움이었다. 아무리 진지하고 치열해 보일지라도, 사실 존재와 당위 같은 관념적 쟁점은 리스트의 주된 관심사가 아니었다. 그는 더 실질적이며 현실적인 문제의 해결에 눈길을 돌리고 있었다. 그리하여 16권에 달하는 『독일 및 외국 형법의 비교적 고찰』 간행 사업에 착수했다.

1905년, 리스트는 교수자격을 얻은 때로부터 30년 동안 써 온 논문과 강연 원고를 모아 두 권으로 책으로 엮었다. 바로 『형법의 논문과 강연』이었는데, 그 첫 번째 권에 실린 글이 이 번역본의 텍스트가 된 「형법의 목적사상」이다. 두 권의 책은 리스트 개인의 기념문집이 아니었다. 그 책은 리스트 사상의 전개 및 발전과 아울러 신파의 주장을 이해하는 데 필수 불가결한 자료일 뿐만 아니라, 훗날 독일을 비롯한 세계 각국의 형법 개정에 가장 적절한 방식으로 요점을 시사하여 영향을 미쳤다.

그해 12월 뮌헨 대학 법학회에 초대되어 간 리스트는 「응보형과 보호형」이란 제목으로 강연을 했다. 신파와 구파 주장의 근본적 차이를 명확히 구분하면서, 가능하다면 양파 사이의 양해와 협력을 희망한다는 의사를 밝혔다. 그에 대한 답신은 한 달 뒤 같은 모임에서 나왔다. 연사는 비르크마이어였으며, 제목은 「보호 및 응보형」이었다. 비르크마이어는 리스트의 타협안을 단호히 거부하였다. 그 지점부터 리스트의 신파와 비르크마이어의 구파 사이의 논전은 다시 가열되었다. 비르크마이어는 「리스트는 형법에 무엇을 남겼나」와 「행위가 아니고 행위자를 처벌해야 한다는 형법 신파의 근본원칙에 대한 연구」 같은 글을 통해, 리스트 사상의 필연적 결론은 '형법의 해체'이며 독일 형법의 개정이 신파 이론의 방향으로 나아가는 일은 국가적 불행이라고 주장했다.

그러한 소용돌이 가운데 1906년 구성된 독일 정부의 형법개정위원회에 리스트는 신파의 대표자로 특정 이론에 치우친 당파적 인물이란 이유로 배제되었다. 하지만 리스트는 샬로텐부르크 지방의회나 프로이센 주의회 등을 통하여 간접적으로 형법 개정에 관여하였다.

이론과 현실의 양안에서 격심한 투쟁을 거듭하였던 리스트는 베를린에서 60회 생일을 맞았다. 그해 발간된 ZStW 32호는 리스트 회갑

기념호로 장식되었다. 하지만 다른 한편으로 베를린은 리스트에게 적절한 위안과 평화를 제공하지 못하였다. 66세가 된 1917년 베를린을 떠날 무렵, 그의 마음에는 상처가 새겨져 있었다.

6. 만년

1888년 마르부르크에서 시작한 형사학 세미나는 회를 거듭할수록 많은 사람이 참여하고 수준도 높아져 형사학 연구소로 발전하였다. 물론 모두 리스트 개인의 열정에 따라 이루어진 것이어서 자신의 장서 전부를 기증하고 사재를 털어 운영비로 사용함으로써 연구소를 유지하였다. 할레로 옮기면서 연구소는 더 확장되었는데, 사무실은 물론 인건비와 도서구입비를 비롯한 모든 비용을 리스트 개인이 부담하였다. 그때 리스트는 베를린 대학으로부터 초빙을 받았고, 옮기는 조건으로 프로이센 문부성에서 형사학 연구소에 대한 재정 지원을 약속받았다. 하지만 베를린에 도착하여도 그 약속은 이행되지 않았다. 리스트는 여전히 자기 통장을 헐어 2주에 한 번씩 열리는 세미나를 운영해야 했다. 당시 형사학 연구소에서 개최하던 세미나는 독일 형법학의 전성기를 구가하는 마당으로 평가되었다. 라드브루흐조차 그 세미나에 참석해도 좋다는 허락을 얻음으로써 비로소 형법학에 눈을 떴다고 말할 정도였다. 그런데도 세월이 지나도 프로이센 정부는 재정 지원을 계속 미루었고, 그러는 사이 정부와 리스트 사이는 미묘한 기류가 흐르는 가운데 긴장감이 고조되기에 이르렀다. 결국 마지막에 가서는 리스트가 ZStW를 통해 정부를 비방하였다는 이유로 정부가 리스트에 압력을 넣기 시작하였다. 리스트는 대학을 떠나기 3년 전인 1914년, 모든 것을 포기하고 형사학 연구소에 관련된 일체를 정부에 맡겨버렸다. 그 대가는 리스트에게 부과된 400마르크의 증여세였다.

상처와 회한을 안고 은퇴한 리스트는 프랑크푸르트에서 그리 멀지 않은 산간 동네 제하임에 들어가 은둔하였다. 그리고 2년 뒤 사망하였다. 그의 유해는 다름슈타트에서 화장되어 하이델베르크에 묻혔다.

라드브루흐가 좋은 감정으로 자신의 스승을 표현한 글 중에 이런 구절이 있다.

학문은 그에게 조용한 명상의 독백도, 그렇다고 온갖 논란을 벗어난 진리도 아니었다. 그것은 끝없는 논쟁, 공격, 방어 그리고 휴전이었다. 난타하는 논리의 싸움이었으며, 때론 단순하고 극단적인 표어였다. 또한 이론이란, 그의 입장에서는 그 끝없는 논쟁으로 향하는 훈련의 과정이었다. 그에 따라 그의 교과서는 판에서 판을 거듭하였는데, 그것은 가장 생동하는 생명이자 언제까지나 이어지는 논쟁의 일시적 휴지점이었다.

Ⅲ. 형벌론과 리스트의 목적사상

1. 형벌의 근거

왜 형벌을 부과하는가? 이것은 단순한 질문이 아니다. 보통은 범죄를 저질렀기 때문이라고 대답할 수 있다. 그 대답은 언뜻 자명해 보인다. 우리는 일상의 도처에서 범죄를 보고 듣는데, 그 가증스러운 행위를 저지른 자에게 형벌을 부과하는 사회적 조치는 너무 당연한 것으로 여긴다. 다만 법정에서 선고된 형벌이 적정한가 아닌가만 현실의 문제인 것처럼 생각한다.

그런데 형벌의 근거라니, 이유라니? 사람을 살해한 자는 사형에 처할 수 있다는 형법의 규정을 말하는가? 그것으로 충분하지 않단 말인가? 물론 법률은 형벌의 근거다. 법관은 그 조항을 근거로 형을 선고한다. 하지만 실정법의 규정은 범죄와 형벌에 관하여 우리의 사유와 현실을 잇는 수많은 이정표 중의 하나에 불과하다. 작은 표지판 하나만 하더라도 누군가 합의된 내용을 써넣으면 세워질 줄 알지만, 그 이면에는 숱한 고뇌와 투쟁과 가상의 저울질이 깔려 있다. 그것이 바로 형벌론의 역사인데, 형벌의 근거를 밝히기 위한 긴 싸움의 궤적이다.

무엇이 범죄인가에 관한 범죄론의 논의는 여기서 하지 않기로 한다면, 범죄란 타인이나 공동체의 이익을 침해하는 행위다. 따라서 범죄행위에 대하여 누구나 대항하는 형태로 반응할 수밖에 없는데, 그것은 하나의 반작용이다. 개인이나 무리의 반작용이 이성적 노력으로 체계화한 것을 형벌이라 부른다. 체계화 과정에서 형벌권을 복수의 주체인 사인으로부터 씨족이든 부락이든 왕이든 도시국가든 근대국가든 중앙의 권력으로 옮겨버렸다. 그런데 그 형벌이란 것도 내용은 범죄와 같다. 범죄자로 규정된 사람의 이익을 침해하기 때문이다. 벌금 같은 재산형으로 재산권을, 자격정지 같은 명예형으로 명예를, 징역 같은 자유형으로 신체의 자유를, 사형 같은 생명형으로 목숨을 침해한다.

범죄를 금지하면서 동일한 내용의 형벌은 어떻게 정당화할 수 있는가? 형벌의 근거란 국가 형벌권의 정당화의 근거를 말한다.

2. 절대설과 상대설

범죄가 곧 형벌의 근거라는 생각도 이론적으로 얼마든지 설명이 가능하다. 범죄행위가 해악을 끼친 만큼 그 반대급부로 형벌을 가한다는 응보이론이다. 더도 아니고 덜도 아니고 범죄가 해악을 끼친 정도에 해당하는 만큼 형벌을 부과하여 범죄가 남긴 부정의를 상쇄시키는 것이 정의라 생각한다. 또는 그러한 정확한 양의 형벌을 부과하여 범죄자는 물론 사회 구성원 전체가 속죄하게 한다는 설명도 있다. 한마디로 범죄자에게 범죄행위만큼의 고통을 주는 자체에 절대적 가치가 있다는 형벌관이다. 형벌에 다른 의도나 목적이 있는 것이 아니라 형벌 자체가 목적이므로, 이를 절대설이라 한다. 절대설의 형벌은 응보형이며, 관심은 오직 범죄자가 저지른 범죄에 집중돼 있다.

반면 범죄가 아니라 범죄자에 초점을 맞추는 형벌관이 있다. "죄를 범하였기 때문에 처벌하는" 것이 아니라, "죄를 범하지 않도록 하기 위해서 처벌해야 한다"는 주장이다. 범죄란 이미 과거의 것이다. 과거의 응징만으로는 불충분하고, 미래의 범죄를 예방하는 데까지 그 효과를 고려한 형벌만이 의미가 있다. 그러한 전망과 목적이야말로 국가의 형벌권을 정당화할 수 있다는 생각이다. 그러한 예방을 목적으로 할 때, 형벌권자는 이미 저지른 범죄가 어느 정도냐보다는 그 범죄자가 어떤 사람이냐에 관심을 갖는다. 예방은 두 차원에서 이루어져야 하는데, 일반 사람들이 범죄를 저지르지 않도록 하는 일반예방과 그 범죄자가 다시 재범하지 않도록 하는 특별예방이다. 일반예방은 경고함으로써, 특별예방은 교정을 통하여 시도한다. 따라서 형벌을 범죄 예방이라는 목적을 위한 수단으로 파악하기 때문에 상대설이라 부른다. 범죄자가 어떤 사람이냐에 따라 상대적으로 형벌을 결정해야 한다는 것이다.

3. 평행선과 타협점

죄를 저질렀기 때문에 처벌하는가, 죄를 저지르지 않게 하기 위하여 처벌하는가? 뒤에 나타난 사상은 앞의 사상의 단점의 발견에서 시작하므로 설득력이 있어 보일 수 있다. 그럼에도 불구하고 누구든지 하나의 사상을 선택하여 주장한다. 또는 타협의 지점을 찾고자 노력하기도 한다. 형벌론 논쟁의 초기 역사를 보면 끝없이 뻗어 가는 평행선을 연상하게 한다. 절대설에도 장점이 있고, 상대설에도 탁월한 점이 있다. 상대설에도 단점이 있는가 하면, 절대설에도 거의 절대적으로 보이는 결함이 있다.

절대설의 든든한 기반은 임마누엘 칸트와 게오르크 빌헬름 프리드리히 헤겔이다. 칸트는 저지른 범죄에 따라 범죄자를 처벌하는 것은 정의의 요청이라고 한다. 범죄에 대하여 그에 상응하는 형벌로 벌하지 않는 것은 정의의 실현을 외면하고 해태하는 직무유기다. 그래서 칸트는 『도덕형이상학』 제2부 제1장에서 "어느 섬에 사는 구성원들이 모두 그 섬을 떠나 공동체를 해체하기로 결의하였을 때라도, 섬의 감옥에 남아 있는 마지막 살인범은 처형해야 한다"고 했다.

헤겔은『법철학』제97장의 보론에서 변증법적으로 설명한다. 범죄는 법의 부정이고, 형벌은 "법의 부정에 대한 부정"이다. 따라서 범죄를 통해 법질서의 '일반의지'를 부정한 범죄자의 '특수의지'를 형벌을 통해 지양할 수 있다고 한다.

절대설은 인간의 존엄을 중심에 둔다. 범죄자를 포함한 공동체의 모든 구성원의 존엄성을 기초로 한다. 인간을 어떤 다른 목적의 수단으로 여기지 않고 그 인격체를 목적으로 삼는다. 모든 사람은 이성적 판단으로 규범을 이해하고 지킬 수 있는 동일한 인격의 주체로 대우받는다. 따라서 범죄를 저지른 자는 일시적으로 궤도를 이탈한 것이며 스스로 그 의미를 알고 있기에, 그에 상응하는 형벌로 상쇄시켜 다시 균형을 이루게 한다.

그러므로 절대설은 책임 원칙에 철저하다. 정상인이 범죄자로 변모하는 순간 저지른 행위의 정도에 정확히 맞는 만큼만 형벌을 부과한다는 것이다. 그 정도를 조금만 벗어나면, 즉 책임의 범위를 조금이라도 넘어서면 불의가 된다. '눈에는 눈, 이에는 이'라는 동해보복은 정상참작의 여지가 없는 잔혹한 형벌관으로 알려져 있는데, 어쩌면 그것은 상대설을 주장하는 신파 학자들이 만들어 낸 오해에 불과하다. 그 표어의 의미는 눈을 잃게 만든 자의 눈을 뽑아버리라는 것이 아니라, 눈을 잃게 만든 자의 목을 쳐서는 안 된다는 원칙의 요청이다. 책임 원칙의 철저한 준수는 범죄자의 인권 침해를 방지하는 데 탁월한 장점을 지니고 있다.

절대적 형벌론은 아무 생각 없이 순수하게 책임에 맞는 형벌을 부과하면 된다고 하고, 그 권한은 국가에 맡겨 두었다. 절대 형벌권을 가진 국가는 단호하게 형벌을 부과해야 하는 절대국가다. 하지만 현대사회에서 그런 국가는 발붙일 곳이 없다. 민주적 감수성으로 무장한 국민은 그런 국가를 받아들이지 않는다. 이제 국가란 범죄라는 공공의 위험을 두고 국민과 함께 고민하고 해결해야 하는 파트너일 뿐이다.

게다가 범죄에 적확하게 맞는 형벌은 어떻게 결정하는가? 절대적 형벌이 가능하려면 절대적 범죄가 전제돼야 하는데, 그러한 범죄개념은 없다. 우리는 살인이나 강도가 범죄라는 것은 알지만, 근본적으로 무엇이 범죄인지는 모른다. 범죄는 다양할 뿐만 아니라, 국가의 전통이나 문화에 따라 다르다. 무엇을 범죄로 규정하고 어느 정도를 처벌대상으로 할 것인지는 그 사회 특유의 역사나 문화적 분위기, 또는 정치적 사정에 따라 달라진다.

무엇보다도 형벌권을 행사하면서 어떻게 시선을 과거에만 고정시킬 수 있겠는가. 가혹한 형벌을 부과하면서 미래의 전망을 가지지 못한다면 그 형벌권의 행사가 어떻게 정당화되겠는가. 앞날의 우리 사회를 개선하는 방향으로 변화시키는 데 기여할 수 있다면, 그런 형벌이야말로 적극적으로 기획해야 할 필수 프로그램일 테다. 그것이 바로 구성원과 공동체를 위한 형사정책이다. 형벌의 목표가 형벌권을 정당화할 수 있고, 그 목표가 과거의 청산에만 한정되지 않고 앞날을 향해 열려 있을 경우 정당성은 더 확고해진다. 그러한 계획은 징벌 외에 아무런 다른 의도를 가지지 않은 순수한 형벌로는 불가능하고, 뚜렷한 목적을 가져야만 가능하다. 그것이 바로 목적성, 목적사상이다. 형벌론에 목적성이 개입하면서 형벌은 그 자체가 목적이 아니라 다른 목적을 위한 수단으로 인식되기 시작하였다. 다른 목적은 범죄의 예방이다.

상대설의 사상적 기초도 만만하지 않다. 토마스 홉스는 범죄자가 적법한 행위를 할 수 있도록 돌려놓는 것이 형벌의 목적이라면서, 응보형 사상을 비판하였다. 휴고 그로티우스와 같은 자연법론자들은 샤를 루이 드 스콩다 몽테스키외나 볼테르의 계몽사상의 영향으로 절대주의 국가의 형벌권 남용이 인권을 위협한다고 반격하였다. 절대적 형벌이 아니라 적절한 형벌만이 인도주의적 요구와 형사정책적 효율성의 요청에 부응할 수 있다고 설득에 나섰다.

1764년 체사레 베카리아는『범죄와 형벌』에서 범죄 예방을 목표로 형벌을 부과해야 한다는 주장을 명확히 하였다. 독일에서도 일찌감치 범죄예방 사상을 수용하고 있었지만, 대표자는 역시 19세기 초에 심리강제설을 내세운 파울 요한 안젤름 포이어바흐다. 범죄와 형벌을 규정한 법률을 통해 인간은 스스로 범죄로 인해 얻을 수 있는 이익과 형벌로 인해 받을 고통을 비교하여 범죄를 포기하게 한다는 일반예방 효과의 고전적 모델이다. 범죄자 자신을 교화하여 정상인으로 돌려놓아야 한다는 특별예방 이론은 프로이센 보통법 시대에 나타났지만, 리스트의 목적사상에서 체계화되었다. 특별예방의 핵심은 재범 방지다. 따라서 형벌의 관심은 범죄자에게 집중될 수밖에 없었고, 똑같은 범죄를 저질러도 형량이 다를 수밖에 없다. 그러므로 상대설인 것이다. 리스트의 특별예방 형벌론은 롬브로조, 가로팔로, 페리로 대표되는 이탈리아 인류학파와 서로 영향을 주고받았다. 그들은 범죄자의 계보를 통계적으로 연구하면서, 자연과학적 방법을 통한 범죄 원인의 실증적 분석을 기초로 완벽한 범죄 예방 대책을 수립할 수 있다고 믿었다.

특별예방으로 재범을 방지하고, 일반예방으로 초범까지 억제하여 안전하고 자유로운 사회를 만들겠다는 상대설은 그 공적 유익성 때문에 비로소 형벌이 정당화된다고 주장하였다. 절대적 범죄개념과 형벌개념의 토대 위에서 그 상쇄를 통해 정의를 실현한다는 절대설은 우리의 감각으로 확인할 수 없는 하나의 관념, 즉 형이상학의 사변일 뿐인데 반하여, 상대설은 눈에 보이는 현실의 문제를 해결하는 실증적인 과학, 즉 형이하학이라는 대조가 이루어진다.

하지만 상대설에 대한 비판은 리스트나 롬브로조 이전에 이미 있었다. 칸트는 범죄자 자신이나 다른 일반인들을 교화하고 경고하기 위해 형벌을 부과하는 것은 수형자를 다른 사람의 의도를 위한 단순한 수단으로 취급한다고 비판하였다. 그런 형벌이란 결국 형사 피고인을 물권법의 대상 가운데 뒤섞어 물건으로 다루는 것과 같다. 헤겔 역시 맹렬하게 비난하였다. 목적형을 주장하는 사람은 범죄자를 명예와 자유의 주체로 여기지 않고, 막대기를 들고 후려쳐야 할 개로 취급한다고 독설을 퍼부었다.

현실적인 부분에서도 결점은 드러났다. 형벌을 수단으로 세상을 바꿔보겠다는 기획은 과연 어떤 구체적 척도로 실현될 수 있는가. 범죄자의 재범을 확실하게 예방하려면 강력한 형벌을 부과할 수밖에 없는데, 그렇게 되면 책임 원칙에 크게 반한다. 효율을 높이려면 형벌은 무절제하게 강화될 것이다. 반면 적절한 형벌보다 조금만 가벼워도, 범죄 예방의 목적은 달성할 수 없게 된다. 예방 목적의 딜레마는 목적 달성에 필요한 최소한의 형벌이 어느 정도의 형벌인지 알 수 없다는 데 있다. 게다가 다른 측면에서, 범죄의 동기를 억제하는 의지의 발동이 반드시 형벌이 주는 고통이나 교육적 효과에 의존하느냐도 의문이다.

이론과 현실의 세계에서 훈련된 형법학자들의 시선이 형벌이라는 프리즘을 통과하면 범죄와 범죄자라는 두 갈래로 나뉘었다. 구파 대 신파, 고전학파 대 근대학파, 절대설 대 상대설, 억압적 형벌론 대 예방적 형벌론의 대치는 바로 응보형과 목적형의 팽팽한 평행선이었다. 학문적 이론이란 이성적 판단만 재료로 삼는 줄 알지만, 가끔 개인적 감정도 섞였다. 학파의 싸움은 인신공격도 불사하였다.

두 개의 평행선은 영원히 합의점에 도달할 수 없을 듯 보였지만, 현실의 법정에서 선고는 하나일 수밖에 없다. 피고인을 세워 두고 어느 이론에 따를 것이냐에 의해 양형이 크게 달라질 수 있음을 상상할 수 있겠는가. 실제 법관은 온갖 사정을 고려하여 형량을 결정하지만, 그것은 고뇌의 결단이라기보다는 어느 정도 관행화된 업무의 처리 방식이다. 판사는 그렇게 관념과 현실 사이에서 살얼음판을 걷듯 위험스러운 작업을 하려 들지 않는다. 이론과 가능성은 극과 극을 달리지라도 구체적 현실의 결론은 언제나 개개의 하나다.

형사법학자들도 실무라는 현실에서 외면당하지 않으려면 타협의 결말을 수긍하지 않을 수 없다. 그리하여 합일적 형벌이론에서 서로 만난다. 물론 그 지점에서도 응보에 비중을 두는 응보적 절충설과 예방에 우위를 두는 예방적 절충설이 있다. 더 나아가 정작 목표점은 범죄 방지와 사회 보호에 있으므로, 아예 형법을 대체할 대안을 제시하는 사회방위론까지 등장했다. 형벌 외의 보안처분 제도가 유력하게 대두된 것도 특별예방사상 때문이다. 사회봉사명령, 수강명령, 전자발찌가 모두 그 기획의 산물이다. 우리는 그 속에서 범죄를 보는가, 안전을 보는가?

4. 리스트의 목적사상

리스트의 형벌론은 신파를 대표한다. 그의 형벌이론의 핵심은 특별예방에 있다. 그 형벌 사상은 그가 남긴 유명한 한마디, "처벌받아야 할 것은 개념이 아니고 행위자이다(Nicht der Begriff wird gestraft, sondern der Täter)"로 요약할 수 있다. 여기서 개념이란 바로 행위를 말한다.

물론 리스트의 이론이 신파의 모든 것은 아니다. 이정표의 숲에서 유난히 눈에 띄는 뚜렷한 표지판의 하나이다. 상징적 표지가 바로 1882년 마르부르크 대학 취임 기념 강연으로 한 「형법의 목적사상(Der Zweckgedanke im Strafrecht)」이다. 그의 확신과 열정을 그 속에 고스란히 담았기에, 그 사상은 학자의 단순한 사유에 그치는 것이 아니라 현실의 제도로 받아들여져야 한다고 믿었다. 리스트는 상징에 상징을 얹듯 그 글에 「마르부르크 강령(Marburger Programm)」이란 별칭을 붙였다. 형벌로 세상을 바꿀 수 있는 야심찬 기획이란 의미가 담겨 있다.

단순히 응징에만 그치는 응보형은 반작용과 같은 원시 형벌의 충동행위를 벗어날 수 없다. 응보형에 관념적 가치를 부여하더라도 그것은 소박한 정의 감정을 만족시킬지는 모르지만, 결코 질서 유지의 기능은 할 수 없다. 살만한 세상으로 바꿔 놓으려면 목적의식과 목적사상 없이는 불가능하다. 따라서 리스트는 형벌을 사회라는 목적을 위한 수단으로 파악한다.

리스트의 특별예방론은 재사회화다. 범죄자를 다시 정상인으로 만들어 사회로 복귀시키는 것을 형벌의 목적으로 한다. 범죄자는 재사회화를 중심으로 재사회화가 가능한 부류, 재사회화가 필요조차 없는 부류, 재사회화가 아예 불가능한 부류로 나눈다. 그 분류에 따라 적절한 형벌을 통한 교화, 간단한 조치에 의한 경고, 사회로부터 완전한 격리를 처방한다.

리스트의 견해는 당시로서는 획기적인 면을 지니고 있었지만, 오늘의 관점에서 보면 위험한 면도 포함돼 있다. 교화의 필요성에 따라 형벌이나 보안처분이 지나치게 확장될 가능성이 있다. 무용한 인간은 사회에서 완전히 쫓아내야 한다는 단호한 생각도 그대로 수용하기 쉽지 않다. 역사적으로는 알게 모르게 나치 정권에 이용되기도 하였다.

리스트의 형벌론은 신파의 목적형을 대표하지만, 그렇다고 응보형을 완전히 배격하는 것은 아니다. 역시 그의 유명한 비유, "내가 물에 빠졌기 때문에 헤엄치는가, 아니면 익사하지 않기 위해서 헤엄치는가?"에 잘 나타나 있다. 궁극적으로는 익사하지 않는 것이 목적이지만, 그 구분이 무슨 의미가 있느냐는 것이다. 그것은 아무 의미가 없다는 말이 아니라, '물에 빠졌기 때문에'도 이유가 된다는 것이다. 형벌에서 응보형의 색채를 완전히 제거할 수는 없다는 솔직한 표현이다. '범죄를 저질렀기 때문에'와 '범죄를 저지르지 않도록'은 '물에 빠졌기 때문에'와 '익사하지 않기 위해서'와 마찬가지로 서로 대립하는 근거가 아니라는 것이다. 아무리 현대화한 형벌이라 하더라도 응보적 요소를 완전히 배제할 수 없다는 점은, 징역형 수형자의 효과적 교화를 위해 감옥을 특급 호텔처럼 만들 수 없다는 사실을 상기하면 된다.

5. 리스트의 영향

리스트의 목적형 사상은 그 정도의 차이는 있지만 수많은 형법 이론과 형법전에 영향을 미쳐오고 있다. 그의 열정을 쏟은 형벌론이 현실에서 결실을 맺은 대표적 예는 1975년 전면 개정된 독일 신형법전이다.

독일 형법은 1866년 프로이센-오스트리아 전쟁의 결과로 성립한 북독일동맹의 형법전에서 출발하는데, 그것은 1871년 프로이센-프랑스 전쟁 이후 독일제국의 건설과 함께 최초의 통일 형법전으로서 독일제국 형법으로 완성되었다. 하지만 그 형법은 급변하는 사회의 실상과 동떨어진 내용이어서 성립과 동시에 개정이 필요했다.

정작 본격적으로 개정 작업이 활기를 띠게 된 것은 제2차 세계대전 후의 일인데, 연방정부는 학자와 실무가들을 위촉하여 대형법위원회를 구성하였다. 위원회는 수많은 쟁점을 놓고 토론한 끝에 1962년 초안을 확정하여 의회에 제출하였다. 그러나 그 초안의 내용은 응보형 사상을 표방한 기존 형법에서 완전히 탈피하지 못하였다. 수많은 반대의견이 목청을 돋우는 가운데, 14인의 독일 및 스위스 형법학자들이 택일안(Alternativ-Entwurf)을 작성하여 제시하였다. 위르겐 바우만, 안네-에바 브라우넥, 에른스트-발터 하낙, 아르투어 카우프만, 울리히 클룩, 에른스트-요아힘 람페, 테오도르 렌크너, 베르너 마이호퍼, 페터 놀, 클라우스 록신, 루돌프 슈미트, 한스 슐츠, 귄터 슈트라텐베르트, 발터 슈트레가 그 14인이다. 택일안은 형법 개정 논의에 불을 붙였고, 진통 끝에 기존의 초안과 택일안을 절충한 형태의 개정 형법이 1975년 1월 1일 발효하게 되었다.

택일안의 형사정책적 기본 입장이 리스트의 사상을 반영하고 있었다. 그것은 록신이 분류한 대로 네 가지 점에서 뚜렷하게 드러났다. 첫째, 택일안은 응보형 사상을 지양하였다. 벌써 제안 이유에서 "형법은 인간에게 필요한 법적 평화 질서의 가치를 확보하는 데 있다. 형벌을 부과하는 것은 어떤 형이상학적 과정이 아니다. 오히려 예나 지금이나 불완전한 인간 존재가 살고 있는 공동사회에서의 어쩔 수 없는 필요성 때문이다"라며 리스트의 음성을 들려주고 있었다. 둘째, 택일안은 특별예방을 일반예방의 우위에 두었다. 양형 기준에서 행위자의 '사회 복귀'가 '법익 보호'보다 앞선다고 하였다. 셋째, 택일안은 형벌의 정당화 전제로 보충성과 실효성의 원칙을 고수하였다. 사회정책적 조치나 행위자의 자발적 속죄 행위가 충분히 법익 보호를 보장할 정도면 형벌이 부과되어서는 안 된다는 말이다. 넷째, 택일안은 형벌의 목적을 법익 보호에 국한하였다. 따라서 타인의 권리를 침해하지 않는 동성애, 수간 등의 행위를 범죄 목록에서 삭제해야 한다는 주장이었다.

리스트의 사상은 택일안을 통하여 새 독일 형법에 반영되었다. 여전히 책임을 형벌의 기초로 삼되, "사회 내에서 행위자의 장래 생활에 관하여 기대할 수 있는 효과를 고려해야 한다"는 규정을 두었다. 징역, 금고, 구류로 나누었던 자유형을 하나로 통합했다. 종전의 구분은 자유형의 단계적 유형화로 책임의 정도에 맞는 형벌을 부과할 수 있다는 생각에서 나온 것이었다. 물론 자유형의 단일화는 리스트의 생각과는 좀 달랐다. 적어도 6주 이하의 단기자유형은 무조건 폐지해야 한다고 했던 리스트의 주장이 반영되어 1월 이하의 자유형을 없앴다. 리스트는 무슨 근거에서였는지 최소한의 교화에 필요한 시간을 6주로 보았다. 집행유예 선고의 대상을 확대하였으며, 사회교정치료 시설 제도를 도입하여 보안처분 분야를 개혁했다. 각론에서는 간통, 수간, 동성애 처벌 조항을 삭제했다.

록신은 독일 형법 개정 과정에서 택일안의 기초자들은 의심의 여지없는 리스트의 유언집행자들이라고 표현한 적이 있다. 그 형벌 사상은 결국 새 독일 형법에 반영되었고, 우리나라를 비롯한 각국의 형법 개정에도 영향을 미쳤으며, 오늘에까지 이르고 있다.

Ⅳ. 지금 읽는 「마르부르크 강령」

1. 교양의 형벌론

우리는 매일 스스로 재판관이 되어 형사재판을 하고 있다. 신문이든, 전광판 한 줄 뉴스든, 포털사이트든, 보도를 통해 숱한 사건을 접촉한다. 사건의 대부분은 범죄다. 성폭력, 학원 폭력, 음주 폭력, 공권력의 폭력, 뇌물, 사기, 명예훼손은 하루에도 몇 차례씩 오르내린다. 우리가 사는 세상의 들판에는 선과 악이 고루 파종돼 있는데, 어쩐 일인지 불의만 두드러져 드러난다. 장용학의 "존재는 범죄다. 그 총목록이 세계이다. 세계는 범죄의 소산이고, 인생은 그 범죄자였다"는 표현이 실감난다.

범죄는 빌딩에 배달되는 우편물처럼 매일 쏟아지고, 잊히기 전에 앞서 일어났던 사건은 민주화된 투명한 사법절차에 따라 순차적으로 심판의 대상이 된다. 시민은 저마다 엄청난 미제 사건의 압박을 받고 있는 검사가 되기도 판사가 되기도 하며 내심으로 단죄한다. 마음속의 법정은 무척 자유로워 감시의 대상이 되지 않기에, 선고 이유는 감정의 표현으로 설명된다. 정의감에 불타 흥분한다. 무엇이 범죄이며 어떤 형벌을 부과할 것인가를 정하고 있는 실체법이 정의를 표방하고 있다면, 재판과 구체적 양형 과정을 정하고 있는 절차법은 진실을 목표로 하고 있다. 진실의 규명을 통해 정의가 실현된다는 것이 시민의 어리석은 믿음이다. 흥분은 어리석음을 감추기 위한 본능적 반작용인지 모른다. 그럴 때 빈프리트 하세머의 말을 떠올리면 위안이 된다. "형법은 정의에 관해 우리가 품고 있는 감정에 대한 대답이다."

분명히 엄청난 나쁜 짓을 저질렀는데도 불구하고 처벌을 피해 가는가 하면, 사소한 실수가 틀림없는데 지나친 제재를 받기도 한다. 그러나 혼자 먼 산을 바라보며 세상을 재판하면서도, 감정적 대응보다 가끔 그 이면을 생각해 보는 일도 권장할 만한 미덕이다. 아마도 조금만 도움을 받으면 사회의 한 면을 종전과 다른 통찰과 판단력으로 볼 수 있게 될 것이다. 「마르부르크 강령」은 바로 그런 도움을 주는 적절한 메시지다. 법률가에게는 필독서인 이 작은 책이, 세상에 관심 있는 보통사람에게도 읽을 만한 가치를 부여하는 근거가 거기에 있다.

2. 법철학자들

심재우 선생은 우리나라의 대표적 형법학자이자 법철학자다. 1933년 강릉에서 태어났고 고등학교 1학년을 마치고 한국전쟁을 맞아 학병으로 압록강까지 진군하였다가 구사일생으로 귀환하였다. 1953년 휴전협정이 체결되자 제대하였고, 몇 개월 동안 공부하여 다음 해 고려대학교 법과대학에 입학했다. 석사학위를 마친 뒤 처음 생긴 대학원 박사과정에 민사법의 김형배와 함께 최초의 학생으로 들어갔으며, 1967년 독일로 갔다.

처음에는 마르부르크 대학에서 하인리히 헤르파르트 교수 지도 아래 헌법을 전공하였으나, 3년 만에 지도교수가 급서하고 말았다. 그때 서울에서 읽은 『법과 존재』를 떠올리고 그 글을 쓴 자르브뤼켄의 마이호퍼에게 편지를 보냈다. 법철학자이자 형법학자인 마이호퍼의 부름을 받아 자르브뤼켄에서 한 학기를 보냈으나, 마이호퍼가 장관에 임명됨과 동시에 빌레펠트 대학으로 옮기자 그도 따라갈 수밖에 없었다. 당시 혁신 대학의 기치를 내건 빌레펠트 대학은 신설 대학으로 캠퍼스조차 제대로 마련돼 있지 않은 상태였다. 그래서 그는 주말이면 기차를 타고 마르부르크의 도서관을 다녔는데, 거기서 「마르부르크 강령」을 발견하고 읽었다.

1973년 「저항권과 인간의 존엄」으로 박사학위를 받고 귀국하여 고려대학교에서 법철학과 형법을 맡았다. 그의 정열적 학문 활동은 먼저 국내 형법학계에 지각 변동을 일으켰다. 그의 형법학은 마이호퍼로부터 배운 대로 행위론을 중심으로 한 형법 체계의 재편이었다. 사회적 행위론을 소개하면서 한스 벨첼과 그의 주장을 그대로 받아들인 황산덕의 목적적 행위론을 맹렬히 비판하였고, 그 열정은 한국 형법학계에 학설 논쟁의 신선한 바람이 몰아치게 만들었다.

그의 법철학은 스스로 "우리가 삶과 친숙해지기 위한 하나의 기획"이라고 하였다. 마이호퍼의 『법치국가와 인간의 존엄』, 『법과 존재』, 헬라 만트의 『폭정론과 저항권』을 번역하였고, 90년대에 들어서서는 동양의 법사상 천착에 집중하여 「유가의 법사상」, 「순자의 법사상」, 「한비자의 법사상」, 「동양의 자연법사상」 등의 논문을 발표하였다. 한국법철학회와 한국형사법학회 회장을 거쳐 1998년 은퇴하였고, 2000년에 박사 논문을 정리하여 번역한 저서 『저항권』을 냈다.

광주에서 태어난 윤재왕 교수는 1981년 고려대학교 법과대학에 입학하면서 어감이 주는 매력 때문에 처음부터 법철학을 공부하기로 결심하였고, 즉시 심재우 교수를 찾아갔다. 법학과를 졸업한 뒤에는 다시 철학과에 들어가 공부하였고, 1992년 독일의 자르브뤼켄으로 가서 울프리트 노이만의 제자가 되었다. 당시 자르브뤼켄에는 마이호퍼가 만든 법과 사회철학 연구소가 있었는데, 윤재왕은 그 연구소에 비치된 스위스 법철학자 르네 마르치치의 『법률 국가에서 사법 국가로』란 책을 넘기다 20여 년 전 심재우가 연필로 메모한 한자 글씨를 우연히 발견하기도 했다. 노이만을 따라 1년 뒤 프랑크푸르트 대학으로 옮겨 계속 공부하였고, 「법효력과 승인」으로 박사학위를 받았다.

2010년 윤재왕이 교수로 임용되기 전까지 고려대학교 법과대학에선 심재우 이후 12년 동안 법철학 전담 교수를 뽑지 않았다. 지금도 방학 때는 프랑크푸르트에 머물고 개학하면 서울로 오는데, 그동안 『라드브루흐 공식과 법치국가』, 『법철학』, 『인간 질서의 의미에 관하여』, 『법이란 무엇인가?』, 『법과 논증 이론』, 『범죄와 형벌』 등 수많은 책을 번역하였다. 조만간 그의 두터운 지식과 날카로운 통찰력을 바탕으로 한 자기만의 언어로 쓴 저서가 선보일 것이다.

3. 물려받은 번역

리스트의 「마르부르크 강령」이 단행본으로 간행되는 것은 처음이다. 거기에는 약간의 사정과 사연이 있다. 1973년 심재우 선생이 귀국할 때 1905년 베를린에서 출판된 리스트의 『형법의 논문과 강연』을 가져왔다.[2] 두 권이 한 질로 된 그 책의 제1권에 부제가 「마르부르크 강령」이라 붙은 「형법의 목적사상」이 실려 있었다. 선생은 리스트의 글을 한국의 법률가와 법학도에게 읽혀야겠다는 일념으로 번역을 했으며, 1977년 고려대에서 발행한 『법률행정논집』 제15권에 「형법에 있어서의 목적사상」이란 제목으로 게재하였다. 그리고 얼마 뒤 월간지 〈고시연구〉에 3회 분재하기도 하였다.

하지만 지금 오래된 논문집이나 잡지를 찾아 읽는 사람이 드물어, 그 소중한 번역본은 거의 사장될 지경에 이르고 말았다. 그러던 차에

2 「형법의 목적사상」이 수록돼 있는 『형법의 논문과 강연』을 가져오게 된 경위와 관련한 일화는 졸저 『한 권의 책으로 시작하는 스무 살』 395면 이하에 실려 있다.

선생의 팔순을 맞아 그 원고를 책으로 펴내면 어떻겠느냐는 이야기가 나왔다. 과거의 번역본이 거의 한자로 씌어 있어 우선 한글 파일부터 만들어야 했다. 그 과정에서 이왕이면 번역 원고도 다시 검토해 보기로 하였는데, 그 작업을 윤재왕이 맡았다. 윤재왕은 일중독 환자 같은 평소의 습관대로 아예 처음부터 꼼꼼히 원문과 대조하여, 잘못된 부분은 바로잡고 모호한 부분은 분명히 하였다.

윤재왕의 작업이 다 끝나고 난 뒤엔 다시 신구의 두 번역본을 비교해가며 정리하였다. 어떤 부분은 선생의 엄정하고 고졸한 어투가 훨씬 좋다고 판단하여 다시 원상회복시킨 문장들도 꽤 많다. 그리하여 보기 드물게 스승과 제자가 승계하여 번역한 원고를 독자들께 내놓게 되었다. 이것은 마치 리스트의 형법 교과서를 슈미트가 이어받아 개정한 것과 마찬가지로, 즐겁고 아름답고 또 흐뭇한 일이다.

마르부르크 강령
— 형법의 목적사상

Ⅰ. 출발점

철학적 세계관의 오랜 대립은 인간의 정의(dikaion nomo)와 자연의 정의(dikaion physei)를 둘러싸고 이루어져 왔다. 물론 이러한 대비는 문제를 너무 단순화한 것이긴 하지만, 그런데도 철학적 세계관의 대립을 적절하게 표현해주고 있다. 이와 같은 대립은 윤리학을 포함한 다른 모든 학문분과보다도 형법학에서 가장 직접적이고 실천적인 의미를 지닌다. 즉 형벌은 **응보**로서 범죄의 개념 필연적 결과인가 아니면 **법익보호**의 형식으로서 국가사회가 목적을 의식하면서 만들어낸 창조물이나 목표를 의식한 기능인가? 다시 말해 형벌은 **과거**에 대한 속죄 — 죄를 범하였기 때문에(quia peccatum est) — 만으로 충분한 정당화가 이루어지고 그 이상 다른 정당화가 필요하지 않은 것인가 아니면 미래에 대한 작용—죄를 범하지 않도록(ne peccetur)—만으로 그 이상의 근거를 필요로 하지 않는 정당화가 이루어지는지는 것인가? 이러한 물음들은 결코 학파 간의 논쟁에만 그칠 일이 아니다. 일상의 법률가는 현행법의 권위에 대한 확고한 신념으로 말미암아 이런 식의 의문을 억누르면서 이 논쟁에 대해 별다른 관심을 보이지 않은 채 냉담하게 지나쳐 버릴 수도 있을 것이다. 그러나 이러한 물음들에 대한 대답은 국가가 형벌로 위협해야 하는 행위의 한계 및 형벌의 내용과 범위에 대한 척도를 제공하게 된다. 입법자는 범죄개념에 대한 형벌 범위를 구상할 때 바로 그러한 척도를 사용하게 되며, 법관이 형벌 범위 내에서 개개의 범죄자에게 그가 받아 마땅한 형벌의 양을 정할 때도 그러한 척도를 사용한다. 그리고 행형시설의 공무원이 선고된 형벌의 집행과 관련된 구체적인 내용을 정할 때도 그러한 척도를 사용한다. 더 나아가 앞에서 제시한 물음에 대해 어떻게 대답하는가에 따라 형법을 개혁하려는 움직임에 대한 찬성과 반대의 표어가 결정된다. 과거에도 그랬고 지금도 그렇다. 형벌을 반사회적 행위의 억제를 위해 인간의 치밀한 계산이 만들어 낸 자의적인 산물로 보는 사람은 모든 사회적 병리 상태의 근본적인 치유를 형사입법의 개혁에 기대하는 경향으로 흐르곤 한다. 그런 사람들은 때로는 형벌체계의 개선을 개혁의 목표로 삼고 때로는 형벌체계를 예방조치로 한정하는 것을 개혁의 목표로 삼는다. 이에 반해 형벌에 대한 사람들의 일반적인 생각과는 전혀 관계없이 형벌을 오로지 범죄에 뒤따르는 필연적인 결과로만 파악하는 사람은—개별적인 예외가 있긴 하지만—근본적인 형법 개혁으로 사회적 병리를 치유할 수 있다는 사고에 대해 회의적이다. 이러한 개혁의 정당성을 알기 위해서는 형벌의 역사를 한번 살펴볼 필요가 있다. 좋은 의미에서든 나쁜 의미에서든 형벌체계의 전개 과정, 특히 근대 형사사법의 특징인 **자유형**의 형성과 변형은 절대설과 상대설 사이의 투쟁 및 상대설 내부의 투쟁 속에서 이루어졌기 때문이다. 다시 말해 형벌체계의 전개 과정은 **형벌 목적**에 대한 강조를 통해 시작되어 지금까지 계속 이어져 왔다.

* * *

그러므로 많은 사람이 테오도르 라인홀트 쉬체처럼 앞에서 말한 물음들에 대한 논의를 형법 교과서에서 추방해도 좋다고 생각하는 것은 교만스러운 자기기만이었다. **형법의 모든 발전의 원동력이 무엇인지가 밝혀져 있지 않은 이상** 형법의 역사를 이해할 수 없고, 현행법을 평가할 수 없으며, 현행법의 계속적 발전 방향도 규정할 수 없기 때문이다.

물론 이러한 소극적 태도는 심리적 측면에서 보면 형법학의 이 분야에서 나타났던 전반적인 침체 현상에 그 원인이 있다. 수십 년에 걸쳐 응보형은 형법학자들의 공통된 견해로서 절대적 지배력을 행사했기 때문이다. 그들은 칸트와 피히테 또는 헤겔과 헤르바르트를 원용하는가 하면, 때로는 절대적 응보를 줄기로 삼으면서 목적사상이라는 잔가지를 억지로 접붙이려는 헛된 노력을 기울이기도 했다. 어쨌든 응보형을 주장하는 형법학자들은 한 가지 사실에 관해서만은 생각이 같다. 즉 그들 모두 목적사상을 출발점으로 삼고자 하는 모든 이론을 가차 없이 비난하고 거기에 학문적으로 부정적인 낙인을 찍는다. 1878년만 해도 빈딩[1]은 여전히 그의 특유의 단호함을 발휘하면서 상대설이 학문적 논의에 계속 참여할 권리를 박탈할 수 있었다. 그의 생각은 그 당시 아직도 불가침으로 여겼던 입장을 잘 보여주고 있을 뿐만 아니라 뒤에서도 그의 생각을 다시 한번 다루게 될 것이기 때문에 우선 여기서 원문을 그대로 인용해 보기로 하자.

빈딩은 다음과 같이 말하고 있다.

> 자연법적 국가관의 붕괴와 함께 최근에 절대설은 다시 상대설에 대해 승리를 거두었고 이 승리는 최종적인 승리이다. 이는 지극히 당연한 승리다! 왜냐하면 여러 가지 이론의 추종자들이 드러낸 혜안과 고견을 아무리 존중할지라도 그 이론들이 전혀 학문적 바탕을 갖추지 못하고 있다는 사실까지 감출 수는 없기 때문이다. 그 이론들에 따르면 범죄는 형벌의 근거가 아니라, 단지 형벌의 필연적 전제일 따름이라고 한다. 왜 그래야만 하는가? 왜 범죄가 저질러지고 난 **다음에만** 처벌해야 하는가? 왜 범죄는 사회의 위험을 인식할 수 있는 **유일한** 징표인가? 더 나아가 상대설은 범죄행위를 한 자의 행위는 형벌의 근거가 아니라 단지 사회의 불안이라는 형벌의 진정한 근거를 드러내는 것에 불과하다고 주장하는데, 그렇다면 도대체 어떻게 범죄행위를 한 자를 처벌한다는 결론에 도달하는 것일까? 오히려 사회는 범죄자에게 사회불안을 드러내 준 것에 감사해야 하지 않을까? 이러한 관점을 따른다면 교육제도나 경찰제도의 개선을 통해 범죄에 대응하는 것만으로는 충분하지 않겠는가? 더욱이 상대설은 범

1 Karl Binding, *Grundriß der Vorlesugen über deutsches Strafrecht*, 2. Aufl., 1878. S. 94. 또한 ders., “Das Problem der Strafe in der heutigen Wissenschaft”, in: *Zeitschrift für das Privat- und Öffentliches Recht der Gegenwart* IV(1877) S. 417 이하도 참고.

죄자, 즉 한 사람을 실험의 대상으로 격하시키는 것을 어떻게 정당화할 수 있을 것인가? 왜냐하면 범죄자의 처벌을 통해 그와 동류인 다른 사람들에 대해 앞으로 발생할 수 있는 화근을 막을 수 있는지를 실험하기 때문이다. 그러나 이러한 실험은 대부분 실패로 끝나게 되므로 결국 합목적성을 유일한 법적 근거로 삼는 형벌은 전혀 목적을 달성할 수 없다! 상대설은 결국 다음과 같은 명제에 도달할 수밖에 없다. 즉 국가가 아니라, 범죄로 인해 위협을 받는 사회의 특정 부분이 각 사회의 경계를 설정하는 국경을 고려하지 않은 채 형법을 보유해야 할 주체라는 결론에 도달한다. 그러나 현실은 그렇지 않다. 도대체 왜 형벌을 부과하는지, 왜 범죄가 저질러진 후에만 처벌해야 하는지, 범죄자의 행위가 형벌을 부과할 정당한 근거가 되지 못하는 경우일지라도 그런데도 왜 범죄자를 처벌해야 하는지 그리고 왜 국가에만 범죄자에 대한 처벌권이 주어져야 하는지 등에 대해 아무런 대답도 주지 못하는 형법 이론, **그러한 이론은 우리의 학문에서 더 이상 자신이 설 자리를 요구할 자격이 없다.**[2]

그러나 상황은 급속도로 달라졌다. 사형선고를 받은 반대파들이 다시 머리를 치켜들고 녹슨 칼을 뽑아 들었다. 바로 다름 아닌 예링이 이미 1877년에 『법에서의 목적』에서 상대설의 근본 사상을 그의 모든 고찰의 출발점이자 목표로 삼았다. 그리고 **목적**을 법과 국가가 형성되는 원동력으로 지칭했다. 이 하나의 사실만으로도 목적사상과의 학문적 논쟁을 짐짓 당당한 척 거부하려는 입장이 이미 시류에 뒤진 것이라는 사실을 증명하기에 충분하다. 또 다른 사정도 있다. 절대설이 공통된 견해로 지배하던 **형사입법**이 실제로 성공하지 못했다는 전

2 강조 표시는 빈딩 자신이 한 것이 아니다.

반적인 불만과 범죄통계에서 뚜렷하게 드러나는, 교조적 형사사법에 대한 갈수록 커지는 분노는 수십 년 전부터 독일의 모든 대학에서 강의의 대상이었던 교조적 이론인 절대설의 진리성에 대한 회의를 더욱 확산시키게 되었다. 그리하여 이 잠재적인 불만과 분노가 폭발하는 데에는 외부의 계기가 필요할 뿐인 상황이었다. 그리고 미텔슈테트가 1879년에 낸 『자유형에 반대하여』라는 유명한 책은 그러한 외부적 계기가 되었다. 그의 책이 갖는 의미는—이를 제대로 파악하지 않는 경우가 자주 있긴 하지만—바로 그 점이었고, 성공의 비밀 또한 그러한 외부적 계기라는 점에 있다. 미텔슈테트의 책은 어쩌면 지나치게 단호하고 편파적일 정도로 절대설학파의 마술에 홀려있지 않은 법률가들이 오래전부터 느껴 왔던 것을 가차 없는 언어로 표현하고 있다. 이 책은 프로그램은 아니었지만 '투쟁의 호소'[3]였으며, 그 목표를 달성했다. 1879년 이후 이 투쟁은 모든 전선에 걸쳐 불붙었다.[4] 이 투쟁의 결과가 어떻게 될 것인지에 관계없이 지배적 견해의 반대자들은 오늘날 이미 전쟁 수행 능력을 인정받는 성과를 거두었다. 빈딩이 위에서 인용한 말을 쓴 지 3년 후에 허물어진 성벽 앞에서 절대설을 지

3 R. Sontag, "Beiträge zur Lehre von der Strafe", in: Zeitschrift für die gesamte Strafrechtswissenschaft I(1881). S. 484.

4 특히 다음과 같은 저작들이 이 점을 뚜렷하게 보여준다. v. Schwarze, *Die Freiheitsstrafe*, 1880; Sichart, *Über Rückfälligkeit der Verbrecher*, 1881; Krohne, "Der gegenwärtige Stand der Gefängniswissenschaft", in: *Zeitschrift für die gesamte Strafrechtswissenschaft* I(1881), S. 53-92; R. Sontag, "Beiträge zur Lehre von der Strafe", in: *ZStW* I(1881), S. 480-529(이 논문은 *Für die Freiheitsstrafen*이라는 제목으로 단행본으로도 출간되었다); O. Mittelstädt, "Für und wider die Freiheitsstrafen", in: *ZStW* II(1882), S.419-429. 이 밖에 Kräpelin, *Die Abschaffung des Strafmaßes*, 1880(이에 관해서는 *ZStW* I, S. 157의 서평도 참고); Willert, "Das Postulat der Abschaffung des Strafmaßes und die dagegen erhobenen Einwendungen", in: *ZStW* II(1882), S. 473-496도 참고.

키려고 나섰던 후고 마이어조차도 다음과 같은 한탄을 터뜨렸다.[5]

> 형법에서 이상주의적 방향과 현실주의적 방향 사이의 오랜 논쟁은 오랫동안 전자에게 유리한 쪽으로 결판이 난 것처럼 보였다. 하지만 이제는 현실주의적 방향이 다시 엄청난 소리를 내며 물밀듯 밀려오고 있다.

독일 바깥에서도 움직임이 시작되었다. 롬브로조, 페리, 가로팔로 등이 주도하는 이탈리아의 '인류학파'[6]는 최근 들어 상당히 많은 지지를 받고 있고, 특히 프랑스에서는 이 학파에 동조하면서 환영하는 분위기가 일고 있다. 인류학파는 지금까지 전혀 찾아볼 수 없었던 결과를 활용하여, 갓 시작된 학파가 그렇듯이 젊은이다운 성급함과 젊은이다운 정열과 열정을 가지고 고전적 범죄학에 대한 투쟁을 시작했다. 이 학파는 형법이 법학의 한 분과가 되는 것을 거부하면서 형법을 사회과학의 한 분과로 변경하고자 한다. 그리고 형벌의 효과를 불신

---

5 H. Meyer, "Die Gerechtigkeir im Strafrecht", in: *Gerichtssaal* XXXIII, S. 101 이하, 161 이하 (*ZStW* I, S. 604에 실린 서평도 참고).

6 이탈리아의 토리노에 있는 롬브로조(Cesare Lombroso) 교수는 형법 학술지 Zeitschrift für die gesamte Strafrechtswissenschaft(ZStW) I, S. 130-154에서 — 이 학술지의 편집인은 창간 시에는 도호우(Dochow)와 리스트였고, 지금은 리스트와 릴리엔탈(Lilienthal)이다 — "이탈리아의 새로운 형사인류학파의 기원, 본질 및 활동상에 관하여(Ueber den Ursprung, das Wesen und die Bestrebungen der neuen anthropologisch-kriminalistischen Schule in Italien)"라는 제목을 단 논문에서 이에 대해 상세히 보고하고 있다. 그 이후에 이 운동으로부터 자극을 받아 나타난 이탈리아 및 프랑스에서의 연구 성과들은 상기한 학술지에 하나도 빠짐없이 소개되었고 목록으로 작성되어 있다. 따라서 지금까지 간행된 이 학술지 각 권의 내용 목록을 살펴보기 바란다. 그리고 특히 급성장한 페리의 연구 실적에 주의를 기울여 주기 바란다. 이 방면의 연구학술지로는 *Archivio di psichiatria, antropologia criminale e scienze penali*(1880 창간)가 있다. 이 학술지의 편집인은 의학자 롬브로조, 형법교수 페리, 검사 가로팔로이다.

하며 지금까지 형벌이 지배하던 거대한 영역에서 형벌을 예방조치('형벌의 대체재')로 대체하고자 한다. 더 나아가 인류학파는 형사절차에서 법적 형식을 제거하여, 형사절차를 범죄자에 대한 심리학적-인간학적 탐구로 전환하려고 한다. 그러므로 이 학파는 범죄의 원인을 연구하는 것을 자신들의 과제로 파악하며, 의학이나 법학 쪽에서 이들을 지지하는 사람들은 범죄통계나 인체측정학(Anthropometrie) 연구에 앞다투어 열을 올리고 있다.

현재로서는 독일과 이탈리아에서 개혁 운동의 모든 측면이 분명하게 밝혀져 있다든가 이 운동에 동참하는 사람들 사이에 뚜렷한 합의가 존재한다고 볼 수 없다는 점에 대해서는 의문이 있을 수 없다. 이탈리아 학자들의 혁명적 견해들을 일단 제쳐놓더라도, 개혁 운동의 지지자들이 요구하는 내용이 서로 반대되는 방향으로 분열을 겪는다. 예컨대 미텔슈테트는 법관의 재량을 최대한 배제하는 좁은 형벌 범위를 요구하고 있는 데 반해, 크레펠린과 빌러트는 **형벌의 정도 자체를 제거**할 때에만 미래를 기약할 수 있다고 생각한다. 하지만 개혁 운동은 어쨌든 지금 벌어지고 있다. 이 운동을 거부하고 반박하고 투쟁의 대상으로 삼고 비난할 수 있을지는 모르지만, 결코 무시할 수도 없고 해서도 안 된다. **학문은 이 운동에 대해 어떤 식으로든 태도 표명을 해야 한다**. 바로 이 점이 목적사상이 쟁취해 낸 첫 번째 승리에 해당한다.

* * *

나는 이미 1881년에 펴낸 『독일제국형법』[7]에서 이 운동에 대한 나의 태도를 시사했다. 그러나 그 책에서 내게 허용된 지면은 극히 제한되어 있어서, 단지 시사를 하는 정도로 만족할 수밖에 없었고, 자세한 설명이나 이론적 근거를 제시하는 것은 불가능했다. 아마 그 때문에 나의 견해가 여러모로 오해를 받게 된 것 같다. 특히 나의 견해를 가장 정확하게 평가하고 있던 학자로부터 가장 커다란 오해를 받았다.[8] 아래의 서술로 아마도 그러한 오해의 원인을 제거할 수 있을 것이다.

하지만 먼저 그 당시 내가 했던 설명과 밀접한 관계를 유지하면서 나의 견해를 다시 한번 요약하고자 한다. 시원적으로는, 다시 말해 우리가 인간의 문화사의 시발점에서 인식할 수 있는 시원적 형태에 비추어 볼 때 형벌이란 개인과 개인이 살아가기 위한 조건들을 외부에서 침해한 것에 대해 사회가 취하는 **맹목적, 본능적, 충동적** 반작용이었다. 즉 형벌은 어떤 **목적에 관한 생각으로 규정되지 않은** 반작용일 따름이었다. **그러나 형벌은 점차 그 성질이 바뀌었다.** 형벌의 객관화가 그것이다. 즉 형벌이라는 반작용을 직접적인 당사자들에서 벗어나 조용히 검토하는 중립적인 기관의 손으로 옮겨 놓음으로써 형벌이 미치는 작용에 대한 공정하고 편견 없는 고찰이 가능해졌다. **이러한 경험을 통해 형벌의 합목적성을 이해하는 길이 열리게 되었다.** 즉 형벌은 목적사상을 통해 척도와 목표를 얻게 되었고, 형벌의 **전제조건**(범죄)과 그 내

7 von Liszt, *Das deutsche Reichsstrafrecht*, 1881, S. 14 이하.
8 v. Bar, *Handbuch des deutschen Strafrechts*, I, 1882.

용 및 범위(형벌체계)가 발전되었고, 목적사상의 지배를 통해 형벌**폭력**은 형벌**권력**으로 발전되었다. 따라서 앞으로의 과제는 이렇게 시작된 발전을 같은 의미로 일관되게 전진시켜 맹목적 반작용을 목적을 의식하는 법익보호 작용으로 전환하는 일이다.

이러한 견해가 종래의 '이론들'에 대해 어떠한 태도를 보이는지도 곧장 알 수 있을 것이다. 무엇보다 이 견해는 **상대설**에 반대한다. 왜냐하면 이 견해는 목적사상과는 완전히 별개로 형벌의 **절대적 기원**을 강조하기 때문이다. 이 견해는 **절대설**에도 반대한다. 왜냐하면 이 견해는 **목적사상**을 통한 형벌의 발전을 지금까지 이루어진 발전의 결과로 밝히고 이 발전을 미래를 향한 요구로 제기하기 때문이다. 따라서 이 견해는 형벌의 모든 형이상학적 **토대**를 — 이 점을 나는 매우 중요하게 여긴다 — **인정**하지만, 이와 동시에 형이상학적 사변이 형벌의 **경험적 형성**에 미치는 어떠한 영향도 — 이 점 역시 나는 매우 중요하게 여긴다 — 거부한다. 그 때문에 이 견해는 — 사람들이 그렇게 부르기를 원한다면 — 일종의 절충적 합일설이다. 그러나 이 견해는 종래의 합일설과는 근본적으로 다르다. 왜냐하면 이 견해는 작은 양적 차이들의 총합에 차츰차츰 도달한다는 전제하에 얼핏 보기에는 도저히 합치할 수 없는 요소들을 결합할 가능성을 찾아내기 때문이다. 그러므로 이 견해는 '진화설'이라 부를 수 있을 것이다. 물론 이 표현이 사물의 절대적 근원을 부정하는, 완전히 다른 세계관을 지칭하는 통상의 사용 방식과 일치하지 않는다는 점에 주의해야 한다.

Ⅱ. 충동 행위로서의 형벌

1. 내가 원시적 형벌을 맹목적, 본능적, 충동적 반작용, 한마디로 말하면 **충동 행위**로 규정한 이유는 무엇보다 원시 형벌의 **소극적** 성질을 최대한 선명하게 표현하고자 했기 때문이다. 형벌은 상대설의 찬성자들이 생각하는 것처럼 인간이 기지를 발휘해 만들어 낸 것이거나 국가가 결과를 고려해 세세하게 따져보고 만들어 낸 제도가 **아니다**. 형벌은 목적사상을 통해 생겨난 것이 **아니고** 목적사상과 관계없이 또는 이 사상에 앞서 인간의 문화사에 등장했다. 만일 형벌이 인간적 지혜의 **발명품**이라고 가정한다면 — 물론 나는 이러한 가정에 동의하지 않는다 — 우리는 **모든 곳에서, 모든** 민족의 원시적 역사에서 **똑같은** 형태를 띠고 전형적으로 되풀이되는 형벌이라는 현상(비교법학은 비록 자료가 부족하고 또한 연구의 확실성이 확보되어 있지는 않지만 이미 이 점을 명확하게 밝혀내는 데 성공했다)이 인간의 발명품이었다고 증명할 수 있어야 하겠지만, 그것은 완전히 불가능하다.[9] 만일 형벌이 **인간** 지혜의 발명품이라면, 어떻게 우리는 원시 형벌과 유사하고, 단지 양적 측면에서만 차이가 있을 뿐인 동물 세계의 현상을 설명할 수 있을 것인가? 원시 형벌은 개인 또는 개인이 모인 집단의 생활 조건을 파괴하는 데 대한 반작용, 즉 우리가 부정확하기는 하지만 일단 범죄라고 지칭할

---

9 이에 관해서는 A. H. Post, *Die Geschlechtsgenossenschaft der Urzeit*, 1875; ders., *Der Ursprung des Rechts*, 1876; ders., *Die Anfänge des Staats- und Rechtslebens*, 1878; ders., *Bausteine für eine allgemeine Rechtswissenschaft auf vergleichend-ethnologischer Basis*, I. Bd., 1880, II. Bd., 1881(이 책에 대해서는 ZStW. II, S. 147에 서평이 실려 있다) 참고.

수 있는 행위에 대한 반작용으로 나타난 것이다. 하지만 그것은 어디까지나 충동 행위이기 때문에, 다시 말해 아직 목적에 관한 생각을 통해 규정되지 않은 반작용이기 때문에 그러한 형벌은 범죄에 뒤따르는 필연적 결과일 따름이다. 이러한 결론만으로도 나의 견해는 모든 형태의 상대설과 근본적이고 원칙적으로 구별된다. 즉 이처럼 형벌이 범죄의 필연적 결과일 뿐이라면 인간의 기지나 국가의 계산과는 전혀 관계가 없으며, 이 점에서 원시적 형벌은 목적사상을 거부한다는 사실을 명백히 표현하기 위해 나는 형벌을 충동 행위라고 부른다. 이 점에서 원시 형벌을 '자연의 정의'라고 강조할 수 있을까?[10]

그렇다면 이러한 충동 행위는 어디서 오는 것일까? 우리는 인간 역사의 모든 초기 단계에서 일어나고 있는 이 원시 형벌이 똑같이 반복되고 있다는 점을 어떻게 설명할 수 있을까? 무엇이 범죄에 대한 이러한 본능적이고, 따라서 필연적인 반작용의 원인인가?

이러한 물음에 대한 대답을 형이상학에서 끌어내려고 시도하는 자가 있다면 그의 시도를 거부할 이유는 없다. 나의 형벌관은 형이상학적 입장에 방해가 되지는 않는다. 왜냐하면 사실에 대한 해석은 그러한 해석이 어떠한 내용이든 관계없이 사실의 경험적 존재 자체를 건드릴 수는 없고, 나의 관심사는 오로지 그러한 사실의 존재일 뿐 그에 대한 해석이 아니기 때문이다. 그러나 한 가지만은 잊어서는 안 된다. 즉 형이상학이 시작되는 곳에서 학문은 끝난다는 점이다. 자연적 인식의 한계를 뛰어넘으려고 하고, 세계의 수수께끼를 풀려고 하며, 미

---

10 이 점에서 v. Bar, *Handbuch des deutschen Strafrechts*, I, S. 195에서 나의 이론에 대해 제기한 비판은 오해에 기인한 것이다.

궁의 베일을 벗기려고 하는 노력이 우리 인간의 모든 노력 가운데 가장 진지하고 가장 성스러운 것이라 할지라도, 또 그것이 아무리 우리의 본성에 깊이 뿌리내리고 있고, 본성을 통해 도저히 거부할 수 없게끔 요구되는 것이라 할지라도, 그것은 결코 과학적 연구가 될 수 없다. 형법학은 형벌을 형이상학적으로 설명하는 것에 대해 전혀 적대적이지 않으며 **그 자체**를 거부하지도 않는다. 그러나 형법학은 이 모든 형이상학적 시도들을 학문과는 다른 것이라고 볼 수밖에 없으므로 학문과는 엄격히 **구별되는 것**으로 거부해야 마땅하다.

그렇다면 형법학이 형이상학을 거부할 수밖에 없다는 사실을 전제하는 이상 서로 대립하는 의견들 사이의 상호 이해의 가능성, 즉 형법과 형이상학적 사변 사이에 존재하는 도저히 뛰어넘을 수 없는 경계를 허물고 상호 이해가 가능하리라는 나의 희망은 좌절되어야만 하는 것인가?

그러나 해명을 추구하는 세계관이 아니라 인식을 추구하는 학문을 출발점으로 삼기 때문에 형이상학을 거부한다고 해서 학문적 **가설**을 제기하는 것까지 거부한다는 뜻이 아니다. 물론 학문적 가설은 단지 가설일 뿐이라는 전제하에서 말이다. 이미 내가 『독일제국형법』에서 시사했던 가설에 따르면 — 나는 이 가설이 풍부한 증명력을 갖고 있다고 더욱더 강하게 확신하고 있다 — 원시 형벌은 소극적 의미에서 뿐만 아니라 적극적이고 근원적 의미에서도 **충동 행위**이다. 즉 원시 형벌은 **개인의 자기주장을 향한 노력**의 소산이다. 다시 말해 개인의 삶의 조건이 외부로부터 침해당하는 것에 대해 침해의 원인을 **거부하고 혐오하는** 행위로 반작용하는 개인의 **자기보존**(결국에는 종족보존)을 향한 노력의 발현이다. 이렇게 볼 때 목적사상에 대한 우리의 거부감이 다시 한번 정당화되고 해명된다. 왜냐하면 이러한 적극적 의미의 충동 역시 맹목적이고 본능적 작용에 따르는 것이므로, 그 성격상 좁은 의미의 의지(Wille)와는 뚜렷이 구별되기 때문이다.

그런데 원시 형벌이 이처럼 외부적 침해를 거부하고 혐오하는 반작용에 기인한다고 보는 관점은 구체적인 사실들을 통해 더욱 확실하게 증명되고 기본적으로 모두가 인정하고 있다고 보이기 때문에, 나 자신은 형벌을 개인의 자기보존 충동으로 설명하는 것을 결코 가설이라고 부르고 싶지 않다. 물론 나는 '가설'이라는 표현 자체에 대해서는 조금도 이의를 제기할 생각이 없다.[11]

동물과 마찬가지로 원시인은 외부의 침해에 대해 반응을 보인다. 외부의 침해가 이성이 있는 생명체나 이성이 없는 생명체에 기인하는지 아니면 자연력의 작용에 기인하는지는 중요하지 않다. 동물과 똑같이 인간에게도 자기주장으로서의 반작용은 침해를 유발한 감각적 대상을 말살하거나 침해에 대응해 침해하는 방식으로 이루어진다. 문명의 진보를 통해 간접적인 방법으로 충동을 만족시키도록 함으로써 충동적 반작용을 몰아냈다고는 하지만, 오늘날에도 '린치'에서 볼 수 있듯이 억압당한 충동은 근원적 폭력(이는 충동 행위의 특징이다)을 동원해 사회가 설정해 놓은 경계를 무너뜨리곤 한다.

개인의 자기보존 충동은 무의식적으로 종족보존에 이바지하기 위한

---

11 Dühring, *Kursus der Philosophie*, 1875, S. 219 이하; E. v. Hartmann, *Phänomenologie des sittlichen Bewußtseins*, 1879, S. 196 이하. Post, *Bausteine* I, S. 141; "어디에서나 복수는 자연법칙의 힘을 갖고 작용한다. 이러한 힘을 행사하지 않는 것은 개체의 억압과 말살과 같은 뜻이다." 이 밖에도 Jellinek, *Die sozialethische Bedeutung von Recht, Unrecht, Strafe*, 1878, S. 90 이하 참고.

것이라고 생각하면, 이는 곧 가설을 제기하기 시작했다는 뜻이다.[12] 형벌의 본질에 관해 여러 가지 더욱 깊은 통찰을 가져다줄 수 있고, 그럼으로써 형벌의 정당화가 이루어질 수도 있을 이 가설을 여기서 더 자세히 다루지는 않겠다. 다만 이 가설과 비슷한 생각이 여러 가지 형태로 항상 되풀이되고 있다는 점에 주목하는 것은 아마도 전혀 흥미 없는 일은 아닐 것이다. 아리스토텔레스처럼 인간을 정치적 동물로 규정하는 사람, 후고, 그로티우스, 푸펜도르프 등과 같이 법이 사회적 본능에 기인한다고 보는 사람, 오귀스트 콩트와 같이 이타주의적 본능과 이기주의적 본능을 대립적으로 파악하는 사람에게 이 가설은 이상하게 들리지 않을 것이다. 왜냐하면 이 가설은 그저 오래된 명제에 새 옷을 입혀 놓은 것일 뿐이기 때문이다.[13] 나는 이 가설이 『법에서의 목적』에서 예링이 주장한 의견과 표면상으로는 모순되는 것처럼 보이지만, 기본적으로 그의 의견과 일치한다고 생각한다.[14] 왜냐하면

12 자기보존본능을 이런 식으로 파악하는 견해를 정당화하고 섬세하게 구성한 문헌으로는 폭넓은 경험적 토대를 제시하고 있는 G. H. Schneider, *Der tierische Wille*, 1880; ders., *Der menschliche Wille vom Standpunkte der neueren Entwicklungstheorien(des Darwinismus)*, 1882 참고.

13 Post, *Bausteine*, I, S. 140에서는 심지어 이렇게까지 말한다. "복수 감정은 보편적인 감정이다. 즉 복수 감정은 다른 사람들만을 대상으로 삼는 것이 아니라 이성으로 억제되지 않을 때는 동물이나 무생물에까지 폭발한다. 이 복수 감정은 인간에게만 고유한 것이 아니라 동물도 갖고 있다. 따라서 복수 감정이란 아마도 **보편적인 우주 법칙이 지상의 유기적 생명체에서 발현되는 형식**일 것이며, 인간 또한 우주의 개체이기 때문에 이 법칙은 인간 속에서도 작용한다. 그렇다면 복수 행위는 우주 안에 있는 다른 개체들에 대항해 전력을 다해 자신의 개체를 보전하려는 것이다. 즉 자기의 개체를 유지하고자 하는 노력은 우주 안의 모든 개체에 내재해 있다. 우주 안에 있는 인간의 지위를 우주의 부분조직으로 이해하고 나면, 복수가 우주의 법칙에 근거한다고 생각하게 될 것이다. 하지만 일단은 그와 같은 생각을 포기해야 한다."

14 예링의 목적사상에 대한 내 입장은 후술하는 내용을 참고.

비록 예링이 여기서 말하는 의미의 본능에 대해서는 아무런 관심도 보이지 않고, 목적이 없이는 어떠한 의욕이나 행위도 생각할 수 없다고 말하고 또한 자기보존의 본능으로서의 종족보존 본능을 명시적으로 거부하고 있긴 하지만, 그의 전체 체계는 여러 목적의 조화라는 사상, 다시 말해 이기적 개별 이익과 전체 이익이 합치한다는 조화 사상에 기초하고 있기 때문이다. 예링이 말하는 이기주의는 "가장 작은 것을 바라면서도 가장 큰 것을 만들어 내는 힘"이고, 그래서 "모충류는 오로지 혼자 살면서도 세계를 구성한다"라고 말한다.

그렇지만 우리의 가설이 자기보존 본능을 종족보존 본능에 편입시킨다고 전제할지라도 형이상학적 해석이 배제되지는 않는다는 점을 특별히 강조해야 하지 않을까? 자연과학적 진화론은 세계의 신비를 해결하지 못했고 해결할 수도 없으며 또한 해결하고자 하지도 않았다. 따라서 종족보존 본능을 더욱 높은 차원의 권력, 이념, 신적 세계질서에 이바지하는 것으로 볼 수 있을 것이다. 그렇게 되면 우리의 견해와 형이상학 사이를 잇는 다리는 "물 자체의 왕국으로의 여행"을 두려워하지 않는 누구에게나 놓여 있는 셈이다. 그러나 형법학이 물 자체의 왕국으로의 여행을 좇아간다면 형법학은 자기 자신을 포기하게 되고 말 것이다.[15]

---

15 v. Bar, *Handbuch*, I . S. 302, 306, 307에서는 나의 견해를 다음과 같이 비판하고 있다. 즉 나의 견해는 형벌에 관한 단순한 서술일 뿐, 해명이 아니라는 것이다. 이 비판은 어떤 의미에서는 옳다. 그러나 해명할 수 없는 것을 해명하고자 하는 자는 학문의 기반을 떠난 것이고, 해명이 어떤 알려진 궁극적 원인으로 소급하는 것을 의미한다면, 그러한 비판은 근거 없는 것이다. 종족보존본능을 말함으로써 우리의 자연 인식은 이미 한계에 도달한 것이기 때문이다.

2. 모든 가설의 가치는 오로지 그 가설이 수행하는 역할에 달려 있다. 가설은 관찰자가 사실들을 추적할 때 그의 눈을 날카롭게 만들고, 찾아낸 사실들을 검토하고 판단할 때 결론의 도출을 쉽게 만든다. 원시 형벌이 직접적으로는 자기보존 본능에, 간접적으로는 종족보존 본능에 기인한다는 우리의 가설은 형법의 역사를 이해하는 데 대단히 중요한 의미가 있는데도 빈번히 간과하는 사실들을 뚜렷이 인식하고 파악할 수 있도록 해준다는 점에서 가설로서의 가치가 증명된다. **원시 형벌은 비록 간접적이기는 하지만 종족보존 본능의 발현으로서 이미 처음부터 사회적 성격을 지녔고, 사회적 장애에 대항하는 사회적 반작용으로 나타났다.** 인류의 근원적 상태로서의 만인에 대한 만인의 투쟁상태는 지난 시대의 비역사적 관념 이외에는 그 어디에도 실제로 존재하지 않았던 것과 마찬가지로, 인류의 역사에서 모든 사회적 요소에서 벗어난 **사적인 복수**도 존재한 적이 없다. 인간은 사회적 동물로서 세계사에 등장했다. 그 이전에 있었던 것은 다윈주의의 관점에서 보더라도, 아니 바로 이 다윈주의의 관점에서 볼 때도 인간이 되기 **이전의** 상태에 속한다.[16] 역사를 고찰해보면 우리의 가설로부터 도출되는 이러한 결론이 옳다고 확인된다.

원시 형벌의 첫 번째 형태는 **피의 복수**였다. 즉 개인의 **사적인 복수**가 아니라 **가족 또는 가문의 복수**였다. 이 피의 복수는 원시적 결합, 혈족으로서의 **씨족**에 기초했다. 그것은 원래 두 가문 사이의 결투로 등장했다. 피의 복수는 살해나 상해를 당한 자의 **씨족**이 가진 권리이자 의무였다.[17] 그것은 가해자가 속한 씨족 전체에 향해진 복수였으

16 Jellinek, 앞의 책, S. 17 참고.

며,[18] 따라서 가해자의 씨족은 피의 죄악을 범한 집단적 주체로 여겨졌다.[19] 피의 복수를 대체한 속죄금도 마찬가지였다. 속죄금은 원래 가문 전체가 지불하거나 수령하는 것이었다.[20] 피의 복수와 피의 죄악은 그 범위가 점차 제한되었다. 피의 복수는 가장 가까운 상속자에 국한되었고, 피의 죄악은 가해자에게만 국한되었다. 속죄금도 마찬가지였다. 그러나 중세 독일의 법절차 형식은 권리의 근원이 여전히 혈족 단체였음을 보여주고 있다. 선서는 반드시 동족의 선서보조인들과 함께하게 되어 있었는데, 이들 선서보조인이 완전무장을 한 채 모두가 손을 맞잡고 함께 입을 모아 선서자의 선서를 반복했다. 이러한 법절차 형식은 혈족 단체의 결투에 기원한 것이었다.[21]

원시 형벌의 사회적 성격은 두 번째 형태에서 더욱 뚜렷하게 나타난다. 그것은 **법의 보호권 바깥으로 방치하는 것**, 즉 평화로운 동족들의 공동체로부터 추방하는 것이었다. 공동체로부터 배제된 자는 공동체와의 결속이 끊긴 채 늑대의 밥이 될 뿐이었다. 이러한 형벌은 점차 약한 형태를 취하게 되었고, 그 종류도 여러 형태로 나누어지게 되었다. 즉 곧장 살해하거나, 재산을 몰수하거나, 추방 또는 명예를 박탈하는 등의 형식으로 변화했다.[22]

---

17 모계사회에서는 어머니의 오빠나 남동생 또는 자매의 아들이 복수한다. 이에 관해서는 Post, *Bausteine*, I, S. 146 참고.

18 여기에서도 모계사회 시스템이 기준이 된다. Post, 앞의 책, S. 146 참고.

19 가족까지 처벌의 대상이 되었다는 사실에 관해서는 Post, *Bausteine*, I, S. 237 이하; Bernhöft, *Staat und Recht der römischen Königszeit*, 1882, S. 48 각주 1 참고.

20 특히 잘프랑켄족(Salfranken)의 배분 원칙(상속자나 친척의 속죄)에 관해서는, H. Brunner, "Quellen und Geschichte des deutschen Rechts", in: *Holtzendorffs Encyklopädie*, 4. Aufl. , 1882, S. 196 참고.

21 게르만법의 태도는 이미 알려진 것으로 전제한다. 이에 관해서는 Post의 여러 저서, 특히 *Bausteine*, I, S. 142 이하 참고.

가문이나 평화로운 동족들의 공동체가 국가의 형태를 띤 집단으로 발전함에 따라 원시 형벌의 세 번째 형태인 **국가** 형벌이 등장한다. 이 형벌은 단체의 수장이나 전쟁 사령관 또는 민중집회의 주재자인 사제가 민중집회의 평화를 수호한다는 의미나 평화의 침해에 대해 복수한다는 의미를 부과했다.[23] 이 형태의 원시 형벌이 사회적 성격을 지니고 있었음은 너무나도 분명하다. 그러나 형벌의 사회적 성격은 이 세 번째 형태뿐만 아니라, 처음의 두 형태도 갖고 있다. 물론 형벌의 완전한 객관화는 국가 형벌에 의해 비로소 가능하게 된다. 그리고 이 객관화는 국가 형벌의 계속적 발전을 위한 전제조건이었다. 하지만 국가 형벌 자체가 아무런 매개 과정 없이 등장한 것은 아니며, 피의 복수나 법의 보호권 바깥으로 방치하는 형벌과 근본적으로 대립하는 것은 아니다. 오히려 국가가 가문 공동체와 평화 공동체로부터 점차 발전된 것과 마찬가지로 국가 형벌 역시 그 이전 단계의 원시 형벌로부터 점차 발전된 것이다.[24]

원시 형벌의 모든 형태가 사회적 성격을 지니고 있다는 사실은 원

---

22 Post, *Bausteine*, I, S. 164 이하 참고. 법의 보호권 바깥으로 방치하는 형벌은 독일법에서도 낯선 것이 아니었다(v. Bar, 앞의 책, S. 57도 그렇게 보고 있다)는 점에 관해서는 Brunner, 앞의 글, S. 199 참고.

23 Post, *Bausteine*, I, S. 171 이하. 원시 형벌의 **제례의식**적 성격이 독자적 의미를 지니는지는 여기서 고찰하지 않겠다.

24 이러한 연관성에 주의를 기울이지 않으면 특히 게르만법을 제대로 평가할 수 없게 된다. 그러므로 상당히 흥미로운 연구인 Bernhöft, *Staat und Recht der römischen Königszeit im Verhältnis zu verwandten Rechten*, 1882(이에 관해서는 ZStW. II, S. 620의 서평 참고)는 대부분의 인도게르만법에서 살인자를 취급하던 방식과 로마법에서 살인자를 취급하던 방식("자유인을 의도적으로 살해한 자는 살인자이다") 사이의 차이에 지나치게 원칙적인 의미를 부여한 나머지 과장된 결론을 끌어내고 있는 것 같다. 이미 가장 오래된 독일법도 정치적, 군사적, 종교적 범죄에 대하여 공적 형벌을 부과하고 있었다.

시 형벌을 충동 행위로 파악하는 우리의 견해를 다시 한번 확인해 주는 것이기도 하다. 만일 형벌이 의식적이고 목적적인 반작용이라면, 우리는 인간 문명의 초기 단계에서는 형벌의 사회적 성격을 밝힐 수 없었을 것이다. 왜냐하면 사회의 목적의식적 반작용은 범죄가 개인들의 집단(가족, 평화 공동체, 국가)에서 갖는 의미를 명확하게 통찰할 때만 가능하기 때문이다. 그러한 통찰은 생존을 위한 투쟁 가운데 수천 년에 걸쳐 얻은 경험의 결과이다. 그러나 우리는 이러한 모든 경험에 앞서 이미 형벌이 존재했음을 알고 있다.

3. 원시 형벌을 충동 행위로 파악하는 견해는 형벌과 윤리의 관계에 대해서도 중요한 통찰을 가능하게 해준다. 충동 행위로서의 형벌은 결코 형벌을 부과하는 자의 윤리적 가치판단의 표현일 수 없다. 즉 이러한 형벌은 형벌을 받는 자가 부도덕하다고 여겨지는 행위를 했기 때문에 부과되는 것이라 볼 수 없다. 충동 행위는 윤리와 아무런 상관도 없기 때문이다. 따라서 형벌의 기원은 윤리와 분리할 수 있고, 또한 분리해야 한다. 그렇다고 해서 윤리를 부정한다거나 배척한다는 뜻이 아니다. 이러한 분리는 여러 가지 측면에서 탁월한 장점이 있다. 형벌과 윤리를 분리함으로써 형법학이 윤리의 기초를 둘러싼 끝없는 투쟁에 말려들 위험에서 벗어나게 될 뿐만 아니라, 형법학이 자신의 존재 근거가 되는 어떤 정당한 원천을 날마다 새롭게 증명해야 할 의무에서도 해방되도록 만들어준다.

그러나 우리의 가설로부터 도출되는 이러한 결론이 형벌의 역사를 통해 확인되는가?

최근에 루드비히 폰 바르는 이와는 반대되는 견해를 아주 단호한 어조로 주장했다.[25] 아마도 폭넓은 역사적 지식과 깊이 있는 철학적 교양을 겸비한 그의 비상한 능력이 특별히 이 문제를 해결하려는 소명의식을 갖게 만든 것 같다. 따라서 위에서 언급한 견해의 정당성을 바르의 '도덕적 비난이론'에 대한 비판적 고찰에 직접 연결해 살펴보면 좋을 것이다.

바르는 헤겔의 입장을 따른다. 그러나 헤겔처럼 법이 적극적 원칙이라고 생각하는 것이 아니라 도덕이 적극적 원칙이라고 생각한다.[26] 윤리의 본질은 타자의 행위까지 포함한 일체의 행위를 윤리와 비윤리에 비추어 판단하거나 판단하려고 시도한다는 점에 있다고 한다. 비윤리적인 행위에 관한 심판은 비난이다. 그러나 추상적 비난만으로는 아직 비난의 구체적 표현 방식이 드러나지 않는다. 이 점에서 생명의 말살까지 포함해 비난을 바깥으로 표출한 것은 원칙적으로 법이다. 즉 죄 있는 자에 대한 비난의 표현으로 생각할 수 있는 모든 가해 행위가 곧 법이다. 엄청나게 비윤리적인 행위가 발생하면 이 비윤리적 행위를 저지른 행위자와 함께 공동체까지도 함께 파괴된 것으로 여겨진다. 그 때문에 원시 형벌은 어떠한 절제나 제한도 없는 무법상태이다. 그러나 도덕적 질서가 확립되면 될수록 비난의 표현 강도가 점차 줄어들고, 문화의 진보와 함께 형벌도 유화적인 형태로 변한다고 한다.

이상의 내용이 우리가 여기서 관심을 기울이는 바르의 설명이다.[27]

---

25 그의 반론은 이미 *Grundlagen des Strafrechts*, 1869에서 제기되었고, *Handbuch*, I, S. 311 이하에서도 이 반론을 반복한다.

26 특히 v. Bar, *Handbuch*, I, S. 279 참고.

27 형벌의 정도를 규정하는 원칙을 설명할 때 다시 바르의 이론을 다루겠다.

그러나 우리의 관점에서는 다음과 같이 반론을 제기하게 된다.

1) 충동 행위로서의 형벌은 도덕적 가치판단과는 근본적으로 다르다. 윤리적 가치판단은 판단하는 자의 의식 속에서 일어나는 심리적 과정이므로 그것이 모든 경우마다 외부세계로 드러나야 할 필요가 없다. 그러나 형벌은 거부 반응으로서의 행위, 즉 신체의 동작이다. 다시 말해 외부세계에 대한 반작용이며, 침해 작용의 원인에 대한 공격이다. 그러므로 형벌은 범죄자의 의지를 꺾고 굴복시키기 위해[28] 범죄자를 향하게 되는데, 그 형태는 이 의지 주체의 법익을 침해 또는 말살하는 것이다. 즉 형벌은 법익 침해를 통한 법익 보호이다.

물론 이러한 반론을 차단하기 위해 바르는 자신이 말하는 비난이란 윤리적 저주라는 심판을 바깥으로 표출하는 것, 즉 범죄자에게 향해진 행위라는 점을 강조할 수도 있다. 하지만 그렇게 되면 바르로서는 윤리가 강화된 형태의 적극적 작용을 한다는 사실을 반드시 증명해야만 한다. 즉 윤리가 가치판단의 생성뿐만 아니라 가치판단의 표출까지지도 담당해야 한다는 점을 증명해야 한다.[29] 그러나 윤리의 두 번째 작용(표출)까지 인정해야 할 근거는 어디에서도 찾아볼 수 없으며, 바르 자신도 이 작용의 증거를 제시하지 않고 있다.

2) 사회적 성격을 띠고 있는 충동 행위로서의 형벌은 사회적 조직과 사회적 기관을 전제한다. 충동 행위로서의 형벌은 언제나 사회적 이익을 위하여 행동할 권한이 있거나 권한이 있다고 믿는 개인으로부터만 시작될 수 있다. 그러므로 형벌은 가족, 평화 공동체, 국가 등 어떠한

28 이 점은 바르 자신도 *Handbuch*, I, S. 322에서 인정하고 있다.
29 바르는 가치판단과 그 외부적 표현 사이의 이러한 차이를 충분히 인식하지 못한 것으로 보인다. 특히 *Handbuch*, I, S. 313에서의 서술이 이 점을 잘 보여준다.

형태든 인간의 집단 속에서 비로소 개념적으로 가능하고 사실상으로 존재하게 된다. 이에 반해 조직과 기관이 없는 곳에서는 형벌은 개념적으로 불가능하며 사실상 존재하지 않는다. 인류 자체는 행위할 수 없으며, 따라서 형벌을 부과할 수도 없다. 그런데 윤리는 인류의 법칙이므로 윤리적 형벌이란 것도 생각할 수 없다.

인류가 바로 국가를 통해 조직화하지 않았느냐고 반론을 제기할지 모르지만, 이 반론 역시 옳지 않다. 만일 그렇다면 국가의 형성 이전에는 조직이 없었다고 말해야 할 것이고, 결국은 국가 이전에도 의심할 여지 없이 이미 존재했던 원시 형벌이 윤리적 인간 공동체의 조직과는 아무런 관계가 없다는 점을 시인해야 할 것이기 때문이다.

3) 충동 행위로서의 형벌은 윤리적 가치판단 이전에 이미 존재했음이 틀림없다. 윤리적 가치판단은 판단을 내리는 쪽에서나 그 판단을 받는 쪽에서나 인간의 행위가 순응해야 하는 가치 척도이자 규제적 준칙으로서의 윤리법칙을 알고 있다는 것을 전제하기 때문이다. 그러나 충동 행위는 — 의지 행위와는 달리 — 인식된 법칙, 즉 그 자체로 인식된 규범에 순응하지 않은 채 자연적으로 이루어지는 것이 특징이다. 다시 말해 윤리는 인류 역사의 산물이지만,[30] 형벌은 이러한 산물이 형성되기 이전에 이미 있었다. 그러므로 이 점에서도 원시 형벌은 윤리와는 관계가 없다는 사실이 밝혀진다.

그리고 원시 형벌이 윤리와 아무런 관계가 없다는 사실은 역사를 통해서도 너무나도 분명하게 확인할 수 있다. 삶의 조건을 파괴하는 행위를 거부하고 혐오하는 반작용으로서의 형벌, 즉 공격에 대한 방

30 바르 자신도 S. 315에서 이 점을 강조한다.

어로서의 형벌은 인간의 역사에만 나타나는 특유한 현상이 아니다. 인간의 역사에서 나타난 원시 형벌이 삶의 조건을 파괴하는 것에 대한 어떠한 윤리적 판단과도 관계가 없다는 명제가 설령 아무리 의심스럽게 들릴지라도 사실이 그렇다. 원시 형벌은 침해를 유발한 동물, 어린 아이, 정신병자에 대해서도 부과되었기 때문이다. 그것은 행위자의 책임에 대한 아무런 고려 없이, 따라서 고의, 과실 또는 우연에 대한 구별도 없이 이루어졌다. 더욱이 원시 형벌은 행위자에게만 한정되는 것이 아니라, 피의 복수의 경우에는 행위자가 속한 씨족 전체에까지 부과되었다. **책임 개념은 오랜 세월에 걸친 점진적 발전의 결과이다.**[31] 윤리적 가치판단은 책임 개념 없이는 생각할 수 없다. 그러나 형벌은 이미 그 이전에도 있었다. 그러므로 형벌은 윤리와 관계가 없음이 틀림없다.

4) **형벌과 법**의 관계도 이와 마찬가지이다. 법에는 **목적사상**이 들어가 있다. 목적사상은 법의 본질이다. 이것은 예링의 견해를 떠받치고 있는 근본사상이다. 그러나 충동 행위는 개념적으로 목적사상과는 무관하고, 시간적으로도 목적사상에 앞서 있다. 그렇다고 해서 이로부터 나의 형벌관과 예링의 목적사상이 일치하지 않는다는 결론이 나오는 것은 아니다. 오히려 나의 형벌관은 그의 목적사상을 통해 새롭게 설명되고 타당성을 인정받게 된다. 그리고 거꾸로 나의 견해가 예링의 목적사상을 새롭게 설명하고 타당성을 인정하기도 한다. 예링 자

---

31 나는 이와 관련해서도 여기서 증거 자료를 자세히 열거할 수 없다. 특히 북방 게르만법에 관해서는 Wilda, *Strafrecht der Germanen*, 1842, S. 640 이하 참고. 특히 이 점에 대하여 세계 각국으로부터 수집된 풍부한 증거 자료를 제시하고 있는 Post, *Bausteine*, I, S. 145 이하, 176, 230 이하, 241; Jellinek, 앞의 책, S. 110 이하도 참고.

신이 강조하듯이,[32] 경험은 법과 도덕의 원천이다. 그러나 원시 형벌은 경험 이전에 존재하며, 따라서 윤리뿐만 아니라 법보다도 더 앞서 있다.[33] 즉 더 높은 발전단계에야 비로소 경험에 기초해 객관화한 형벌이 등장한다. 그리고 이때에야 비로소 형벌은 법적 형벌로서 목적사상을 받아들이게 된다.

예링은 윤리의 기초를 다음과 같이 설명한다.[34]

> 사람이 살인해서는 안 되고, 강도나 절도를 해서도 안 된다는 것은 경험을 거쳐 배우지 않으면 안 되었다 … 세상의 모든 일이 그렇듯이 인간은 손해를 입고 난 이후에야 비로소 현명하게 되었음이 틀림없다.

그러나 이 말을 오해해서는 안 된다. 물론 원시인은 동물과 같이 삶의 조건을 침해하는 행위에 대해 본능적이고 충동적으로 반작용한다. 그러나 동물과 마찬가지로 인간이 이러한 반작용을 '배워서' 알 필요는 없다. 그러므로 살인, 강도, 절도가 정말로 삶의 조건을 위태롭게 하는 경우(이들 행위가 언제나 삶의 조건을 위태롭게 하지는 않으며, 실제로 반드시 그렇지도 않았다)에는 어디에서나 즉각적으로 원시 형벌 형태의 반작용이 나타났지, 결코 인간이 손해를 통해 현명하게 되고 난 다음

32 이와 관련된 문헌은 뒤의 III에서 밝힐 것이며, 그곳에서 이 구절을 설명하고 타당성을 밝힐 것이다.

33 Jhering, *Zweck im Recht*, S. 368에서는 '법감정'에 관해 언급하고 있는데, 법감정은 그의 견해에 따르면 법과 국가에 앞서 있는 것이라고 하며, "그 최후의 근거는 개인의 자기보호 본능"이라고 한다.

34 Jhering, "Die geschichtilich-gesellschaftlichen Grundlagen der Ethik", in: *Schmollers Jahrbuch für Gesetzgebung, Verwaltung und Volkswirtschaft im Deutschen Reich* Bd. VI., S. 1, 21(예링의 이 논문에 관해서는 ZStW II, S. 614 참고).

에 비로소 나타난 것이 아니다. 하지만 법규범과 윤리규범의 발전을 통해 행위를 법적 및 윤리적 가치에 비추어 평가하게 된 다음부터 반작용은 **객관화된 법적 형벌**의 형태로 경험과 경험을 통해 얻은 목적사상의 제약을 받게 되었다.

Ⅲ. 형벌의 객관화

개인 및 인류의 정신적 발달과 관련된 모든 진보는 **충동 행위가 의지 행위로 전환**한다는 점이다.[35] 즉 충동 행위의 합목적성을 인식하고 목적 표상이 행위의 동기가 된다는 점이다. 이렇게 **의지 행위를 충동 행위와 구별하는 것이 바로 목적사상**이다. 이제 충동은 목적에 이바지하게 되고 행위는 목적에 순응하게 된다. 목적이 명백하게 인식될수록, 의식의 순응이 완전하게 되면 될수록, 가까이 놓여 있는 직접적 목적 대신 더 멀리 있는 간접적 목적이 설정될수록, 그리고 모든 부분적 행위를 포함한 전체 행위가 개인의 생활 영역을 훨씬 뛰어넘는 **하나의** 최고 목적에 이바지할수록, 이 발전은 더욱 완전하게 된다. 물론 이 발전의 최후 목표는 개별 의지를 일반의지와 완벽하게 일치하도록 만드는 일이다. 이 최후 목표는 하나의 이상으로서 도달해야 할 **과제**로 부

35 여기서는 내가 이미 『독일제국형법』(S. 15)에서 언급한 이 문장의 심리학적 및 생리학적 정당성을 다시 증명할 필요는 없을 것이며, 또한 그것이 나의 과제도 아니라고 생각한다. 다만 갓난아기의 운동 양식과 그 발달 과정을 한번 생각해 보면 좋을 것이다. 앞에서 인용한 Schneider, *Der menschliche Wille*, 1882는 전적으로 나와 똑같은 생각에 기초하고 있다. 형벌의 발달과 비교하기 위해서는 슈나이더가 앞의 책, S. 480 이하에서 라자루스, 슈타인탈, 분트 등의 연구를 원용해 반사운동으로부터 언어가 발전하는 과정을 서술한 내용을 참고하기 바란다.

과되어야 하지만, 이것만으로 최후 목표에 도달한 것은 아니다.

이제 우리는 지금까지 서술한 내용을 형벌에 적용해 과연 형벌의 발전도 일반적인 발전 법칙을 통해 규정되는지를 살펴보아야 한다.

1) 형벌은 충동 행위로서 본능적이고 합목적적인 행위이다. 형벌을 통해 단순히 개인의 삶의 조건이 아니라, 개인들로 구성된 집단의 삶의 조건을 외부적 침해로부터 보호한다. 삶의 조건이나 이에 대한 침해 그리고 형벌의 보호 작용을 제대로 인식하지 못하고 이를 충분히 이해하지 못한 경우라 할지라도 이 점에는 변함이 없다.

법익의 세계, 범죄 그리고 형벌 사이의 관계에 대한 인식이 가능하기 위해서는 지금까지의 경험들에 대해 편견과 감정을 배제하고 냉철하게 고찰할 필요가 있다. 이러한 고찰은 **형벌의 객관화** 과정, 즉 형벌의 기능이 관련된 당사자들의 작용으로부터 관련성이 없는 중립적인 심사 기관의 작용으로 전환되는 과정을 거치면서 이루어졌다. 물론 원시 형벌에서도 어느 정도는 객관화가 이루어졌다. 하지만 형벌이 완전히 국가의 과제로 전환되어, 국가의 '주권적 위력과 감정이 배제된 객관성(에른스트 라스)'을 통해 중립적인 심사가 가능해지고 보장되면서 비로소 결정적인 단계로 발전했다.[36] 그러나 이것으로 발전이 완결된 것은 아니다. 형벌이 국가의 과제가 된 이후인 중세 후기에도 독일의 법적 절차는 여전히 불완전한 객관화, 즉 형벌의 불완전한 국가화에 시달리고 있었다. 이 발전은 공적 형사소추가 보편화하면서

---

36 이 객관화의 역사에 관하여는, v. Haller, *Restauration der Staatswissenschaften* II, S. 241 이하; v. Hartmann, *Phänomenologie des sittlichen Bewußtseins*, S. 202; Laas, "Vergeltung und Zurechnung", in: *Vierteljahresschrift für wissenschaftliche Philosophie*, Bd. V, S. 137 이하; A. Merkel, "Recht und Macht", in: *Schmollers Jahrbuch*, Bd. V, S. 439 이하; v. Bar, *Handbuch*, I, S. 323 참고.

비로소 일단 완결되었다.

2) 형벌의 객관화는 우선 국가 공동체 및 국가 공동체에 포함된 개별 공동체의 **삶의 조건**에 대한 인식을 가능하게 해준다. 공동체의 삶의 조건을 침해하는 것이 범죄이다. 그런데 이러한 삶의 조건은 "살인해서는 안 된다", "훔쳐서는 안 된다", "간통해서는 안 된다", "군주의 생명을 노려서는 안 된다", "군장을 국경 바깥의 성벽 위에 걸어 놓아서는 안 된다" 등등 일반적 명령을 통해 경중을 가려 법적으로 보호된 이익, 즉 법익으로 고정된다.[37]

이렇게 규범의 목록을 작성하는 것은 커다란 의미가 있다. 그것은 국가의 형벌권이 자기 자신을 제한하는 첫걸음이자 법과 도덕을 명문화하는 최초의 형식화이며, 따라서 법과 도덕을 형성하는 강력한 수단임과 동시에 **예방**을 향한 첫걸음이기도 하다.

법익을 인식하기 위해서는 법익에 반하는 행위, 즉 넓은 의미의 범죄에 대해 자세히 고찰하게 된다. 법익은 처음에는 사례 집단에 따라 개별적으로 열거하다가, 그다음 단계에는 개념을 통해 일반적으로 열거하게 된다. 이렇게 하여 법의 명령은 개념을 형성하는 법규정으로 변하게 된다. 이처럼 **개별적 범죄에 대한 개념이 점차 형성**된 것[38]은 형법의 역사에서 가장 흥미로운 현상에 속하는데, 이 형성은 오늘날에도 아직 완전히 끝나지 않았다. 우리의 독일제국형법전에서도 상당히 발전된 것이긴 하지만 여전히 개념적 일반성에 도달하지 못한 채 개

37 이에 관해서는 Binding, *Die Normen und ihre Übertretung*, I. Bd., 1872, S. 56 이하; Jellinek, 앞의 책, S. 43 이하 참고.

38 여기서 나의 관심사는 단지 객관화의 여러 단계에 대하여 — 구체적 경우에서 점차 벗어나는 추상화는 곧 객관화의 표현이다 — 주의를 환기하는 것뿐이다.

별적 사례 집단으로 표현된 가벌적 행위들을 찾아볼 수 있다.[39]

이와 관련해서는 앞으로도 계속 발전이 이루어져야 한다. 개개의 범죄개념들로부터 모든 범죄가 지니는 공통의 특징을 추출하는 것은 개념을 형성하는 법규정의 체계를 만드는 일이며, 이러한 법규정들이 **형법의 총칙**을 구성한다. 이렇게 해서 책임, 책임능력, 미수, 공범, 정당방위, 긴급피난 등의 개념이 점차 형성되었다. 이와 관련해서도 우리는 여전히 유동적인 상황에 놓여 있다. 즉 '범죄의 일반적 구성요건' 요소가 오늘날의 형법학에서 주목받는 주제인 이유도 그 때문이다.[40]

3) 객관화는 앞에서 말한 것 못지않게 중요한 다른 방향으로도 작용한다. 본능적 충동에는 광포하고 억제되지 않은 것이 들어 있다. 원시 형벌은 이러한 근원적 폭력으로 범죄자에 대항한다. "복수라는 자연적 충동은 피해자에게 쌓여 있는 울분과 행동할 힘의 크기라는 것 말고는 다른 척도를 알지 못한다."[41] 그러므로 원시 형벌은 범죄자를 파멸시키는 형태를 취한다. 이 점은 힘이 사실상 다 소진할 때에야 끝나는 피의 복수에서도 그렇고, 법공동체로부터 완전히 배제해 법의 보호권 바깥으로 추방하는 형벌에서도 그렇다. 그리고 법의 보호권

---

39 내란, 외환, 배임 등을 생각해 보면 된다.

40 그러나 예컨대 일정한 경우에 가벌성이 주관적 책임과는 별개로 확정될 수 있는지에 대해 오늘날에도 독일법에서는 논란이 심하다. 이 문제에 관해서는 H. Meyer, *Lehrbuch des deutschen Strafrechts*, 3. Aufl., S. 155 이하 및 그곳에 제시된 문헌과 판례를 참고. 만일 이 물음에 긍정적으로 답한다면 — 이는 내가 『독일제국 형법』, S. 107에서 밝힌 견해와는 반대되는 것이지만 — 아마도 오늘날에도 형벌과 도덕적 비난이 모든 경우에 일치하지는 않는다는 사실을 다시 한번 증명하는 것으로 볼 수 있다.

41 Jellinek, 앞의 책, S. 92.

바깥으로 추방하는 형벌로부터 직접 영향을 받은 초기 형태의 국가 형벌에서도 그렇다. 왜냐하면 초기의 국가 형벌도 육체적, 법적, 경제적 인격을 파멸시키는 형태를 취했기 때문이다.[42]

그러나 **형벌의 객관화가 시작되면서 형벌은 척도와 목표를 얻게 되었다.** 피의 복수는 동료들에 의해 조정되었고, 더욱 강력해진 국가권력에 의해 제한되고 금지되었다. 법보호권 바깥으로 추방하는 형벌도 그 전제조건과 내용에 비추어 더 완화된 형태를 취하게 되었으며, 평화 공동체가 국가로 전환되면서 종국적으로는 국가 형벌에 흡수되어 소멸했다. 그리고 국가 형벌 자체도 범죄자의 법익을 말살하는 대신, 이를 제한하는 것에 만족하게 되었다.

형벌의 역사를 편견 없이 고찰해보면 **형벌의 작용**에 대해서도 **통찰**할 수 있다. 즉 형벌은 법질서의 보호를 위한 수단으로 인식하게 된다. 물론 이러한 인식은 아직 불완전하고, 불확실하며, 비약적으로 발전되어야 할 인식에 머물러 있다. 다시 말해 법익을 보호하고, 범죄를 예방하는 전체 작용이 힘입고 있는, 형벌에 내재하는 추진력이 갖는 의미와 연관성을 아직도 제대로 인식하고 평가하지 못한 상태에 머물러 있다. 그 때문에 입법이나 사법은 우왕좌왕하고 더듬거리며, 입법과 사법의 에너지가 외부의 상황이나 순간의 욕구를 통해 규정되고 있다. 그러나 형벌의 **작용**에 대한 이러한 인식이 비록 아직은 불완전하고 불확실할지라도, 이러한 인식에 힘입어 형벌의 작용을 **목적으로 정립**하는 것이 가능해졌다. 이 인식은 일정한 법익을 일정한 침해행위로부터 보호할 필요가 있는 경우에 형벌을 발동시키고, 또한 일정한

42 v. Bar, *Handbuch*, I, S. 317 참고

범죄에 대항하여 일정한 법익을 보호하는 데 필요하다고 여겨지는 정도에 따라 형벌의 종류와 척도를 정하도록 해준다. 한마디로 말해, 이 인식은 비록 불완전하고 불확실하긴 하지만 **형벌이 목적사상에 순응**하도록 만들어준다. 즉 형벌이 **법익 보호**에 **이바지하도록** 한다. 형벌이 목적사상에 순응하는 과정과 관련해 내가 알고 있는 가장 적절한 실례이자 가장 중요하고 영향이 가장 커다란 순간은 마치 프로테우스처럼 변신을 거듭했지만, 그 반사회적 핵심에서는 조금도 변화하지 않은 **사기꾼**에 대항해 중세 독일의 법질서가 벌였던 **투쟁**이다.[43] 바로 그 때문에 형법의 역사는 법익을 선언한 인류의 이익을 둘러싼 역사이다. 다시 말해 특정 시대의 형법은 그 시대 인류의 손익에 관한 대차대조표이다.

4) 이처럼 형벌의 객관화는 형벌이 발동되는 **전제조건**과 형벌로 등장하는 반작용의 **내용** 및 **범위**를 규정하고, 이러한 전제조건과 내용 및 범위가 **목적사상의 지배를 받도록** 만드는 결과를 낳았다. **범죄**로 지칭되는 행위의 범위가 아무리 변화하고, **형벌체계**의 구성과 분류가 아무리 변화할지라도, 형벌을 법익 보호라는 목적사상에 순응시키는 것은 역사적 발전을 거듭하는 가운데 점점 완성된 단계로 나가게 된다. 그리고 이러한 발전 속에 진보의 길이 이미 그려져 있다.

우리의 결론은 다음과 같이 요약할 수 있을 것이다.[44] 즉 자기 제한을 통해 형벌**폭력**은 형벌**권력**이 되었고, 목적사상을 받아들임으

---

43 Ave-Lallamant, *Das deutsche Gaunertum in seiner sozialpolitischen, literarischen und liguistischen Ausbildung zu seinem heutigen Bestande*, 1858-1862 참고. 이 저서는 잘 알려져 있으나 형사학에서는 별로 활용하지 않고 있다. 이에 관해서는 v. Bar, *Handbuch* I, S. 100-104 참고.

44 이에 관하서는 von Liszt, *Das deutsche Reichsstrafrecht*, § I 참고.

로써 맹목적이고 무제한적인 반작용은 법적 형벌이 되었으며, 충동 행위는 의지 행위가 되었다. 다시 말해 국가권력은 법질서를 파괴하는 범법자에 대항하여 법질서를 보호하기 위해 정의의 칼을 손에 쥐게 되었다.

이것은 비록 다른 출발점에서 시작하긴 했지만, 예링이 『법에서의 목적』에서 법의 개념규정의 기초로 삼았던 것과 똑같은 사상이다. 다음의 몇 마디를 인용함으로써 이미 위에서 시사했던 일치점을 다시 확인하고, 이를 더욱 명백하게 보여주고자 한다.

이처럼 폭력은 통찰과 자기 극복을 수반할 때 법을 탄생시킨다.

내가 보기에 법은 자기 자신의 이익과 그 척도의 필요성을 의식하고 있는 폭력일 따름이다. 따라서 법은 근본적으로 폭력과 다른 것이 아니고, 다만 폭력의 특정한 발현 형태일 따름이다. 즉 법은 오로지 순간의 이익에 사로잡혀 야만적이고 거칠며 아무런 규칙도 없는 폭력과는 반대로 규칙에 구속되어서 정당하고 올바르며, 따라서 훈육된 폭력이다.

법이란 폭력의 정당한 사용에 관한 경험이 축적된 산물이다.

우리의 연구주제를 간단하게 표현하면, **폭력의 자기 제한을 통한 법의 형성**이다.

우리가 객관화한 형벌이 지닌 이러한 의미, 즉 무제한적인 형벌폭력의 자기제한으로서의 법적 형벌이라는 의미를 전면에 부각하면, 이 객관화가 범죄자에 대해서도, 아니 바로 범죄자를 위해서도 커다란 가치가 있다는 사실이 분명하게 드러난다.[45] 피히테는 형벌을 받는 것은 국민의 중요한 권리라고 말하고, 헤겔은 범죄자가 형벌을 통해 이성적인 존재로 존중을 받는다고 말한다. 이 말 또는 이와 유사한 말들은 얼핏 생각하기에는 역설인 것 같지만, 실제로는 모든 형태의 형벌이 아니라 오로지 객관화한 형벌의 가장 중요한 핵심과 가장 고유한 본질을 너무나도 명확하게 밝혀주는 표현이다.

Ⅳ. 형벌 척도의 원칙

절대설과 상대설의 반목은 해결된 셈이다. 양자의 대립을 화해시키려고 시도할 필요 없이 이미 형벌의 역사 속에 화해가 이루어졌기 때문이다. 즉 눈에 뜨이지 않는 조그마한 양적 차이들이 축적되면 이러한 작은 차이의 총합은 결국 질적 차이를 낳는다는 진화론의 기본 사상을 상기함으로써 우리는 흔히 제기되는 물음이 잘못 제기된 물음이라는 점을 인식하게 되었다. 다시 말해 필연성과 합목적성은 결코 화합할 수 없는 대립이 아니다. 필연적인 충동 행위는 목적의식적 의지 행위로 형태를 바꾸었다. 절대설 내부의 집안싸움은 우리의 관심을 끌 수 없다. 이 싸움은 형이상학적 토대 위에서만 해결될 수 있을 따름이고, 진정한 학문은 그러한 형이상학의 영역에 발을 들여놓아서

45 Jhering, *Der Zweck im Recht*, S. 543 참고.

는 안 된다. 그래서도 무엇이 절대적인가를 둘러싼 여러 가지 해석은 어느 것이든 대동소이하게 들릴 뿐이다.

이에 반해 내가 이미 서두에서 강조했듯이 서로 다른 형벌관 사이의 논쟁은 직접 실천적 의미가 있다. 이 논쟁이 어떤 식으로 결정되는가에 따라 다음 두 가지 물음에 대한 대답도 판가름 난다.

1) 어떠한 행위에 형벌을 부과해야 하는가?

2) 형벌의 질과 양은 어떻게 측정해야 하는가?

과연 우리는 이 문제 영역에서도 서로 대립하는 이론들이 화해할 수 있는 터전을 마련하는 데 성공할 수 있을까? 우선 무엇보다도 강조되어야 할 것은 이 두 가지 물음에 대한 이론의 역사가 특이하게도 같은 길을 걷지 않았다는 점이다. 첫 번째 물음에 대해 오늘날 많은 학자[46]는 이미 우리가 앞에서 했던 논의가 개략적으로 제시했던 대답을 되풀이하고 있다. 즉 특정 시대의 국민에게 그들의 삶의 조건을 침해한다고 여겨지는 행위에 형벌을 부과해야 하고, 따라서 형사 불법과 민사 불법은 그 종류의 측면에서 차이가 없고, 다만 **목적사상**이 양자 사이의 경계를 확정할 뿐이라고 한다.

따라서 나는 첫 번째 물음은 처리된 것으로 보고, 두 번째 물음에 대한 논의에 집중하겠다. 나의 관점에서 볼 때 형벌의 척도(내용과 범위, 형벌의 종류와 형벌의 양)는 오로지 목적사상으로부터만 도출할 수

---

46 예컨대 Geib, E. I. Becker, Merkel, v. Bar. Schütze, Wahlberg, Heinze, Binding, Geyer, Thon, Jhering, Dahn, H. Meyer 등. 이에 관해서는 Liszt, *Das deutsche Reichsstrafrecht*, S. 13 참고.

있다는 사실은 더 이상 정당화할 필요가 없다. 우리는 역사가 미리 제시해 놓은 길을 계속 걸어가야 한다. 따라서 오로지 형벌에 관한 목적사상을 더욱 정확하게 연구하고 더욱 명백하게 규정하는 일이 중요할 따름이다.

그런데도 나의 이러한 견해는 학문과 입법 그리고 사법을 여전히 지배하고 있는 오늘날의 일반적인 견해에 뚜렷이 반대되는 것 같다. 왜냐하면 오늘날의 지배적인 견해는 형벌의 척도를 미래가 아니라 오로지 과거, 즉 저질러진 범죄로부터만 끌어내려고 하기 때문이다. 다시 말해 범죄는 범죄의 가치에 따라 그대로 **응보**해야 한다는 것이다.

우리의 과제를 간단하게 표현하면, 이 **응보형**이 법익 보호로서의 형벌, 즉 **보호형**과 어떠한 관계가 있는지를 탐구하는 것이다. 양자는 도저히 화해할 수 없는 완벽한 대립의 관계에 있는지, 아니면 최소한 부분적으로나마 부정확한 문제 제기로 인한 오해가 지배하고 있는지를 탐구하게 된다.

1) 우리가 **형벌을 형이상학적으로 정당화하게 되면 결코 형벌 척도의 원칙을 포착할 수 없다**는 점을 뚜렷이 의식하기만 한다면, 서로 대립하는 견해들을 화해시킬 수 있는 중요한 첫걸음을 내디딜 수 있다. 물론 형벌에 대한 형이상학적 이해는 형벌과 관련된 경험적 사실을 해석하고, 다양한 형벌 현상들 속에 있는 본질적이고 변화하지 않는 내용을 밝혀줄 수 있으며, 또한 그래야만 한다. 그러나 형이상학적 이념을 하나의 **기준**으로 생각할 수는 없다. 하나의 구체적인 범죄에 대해 5년의 금고형이 맞는지 아니면 10년의 징역형이 맞는지, 6주의 구류가 맞는지 아니면 1,000마르크의 벌금형이 맞는지에 대해 형이상학적 이념

은 우리에게 아무것도 말해 줄 수 없으며, 말해 주려고 해서도 안 된다.

물론 칸트는 그러한 시도를 감행했다. 그러나 그의 시도는 실패했으며, 또한 실패하지 않을 수 없었다. 동해보복(Talion)은 무제한적인 반작용에 대한 제한으로서 그리고 응보의 상징으로서 중요한 역할을 했다. 하지만 동해보복이 형벌 척도의 원칙을 제시해 주지는 못한다. 이 점에 대해서는 오늘날 견해가 일치한다.

그러나 칸트는 독일 사변철학의 대표자들 가운데 형벌의 원칙으로부터 형벌 척도의 원칙을 찾아내려는 생각을 진지하게 고려했던 유일한 철학자였다는 사실에 주목할 필요가 있다. 이러한 사실이 윤리에 대한 칸트의 견해에 근거한다는 점을 여기서 자세히 밝힐 수는 없다. 다만 이 사실을 분명히 의식하고 결코 간과해서는 안 된다는 점만은 반드시 강조할 필요가 있다.

피히테의 형벌관도 우리의 주장이 옳다는 것을 직접 확인해 준다. 범죄는 사회계약을 위반한 것이고, 따라서 범죄의 법적 결과는 법 공동체로부터의 추방이다. 다시 말해 범죄자는 법 바깥에 있게 된다. 다만 합목적성의 근거에서 국가는 속죄 계약을 통해 범죄자에게 처벌받을 권리를 부여하여, 형벌을 받는 대가로 법 공동체에 계속 머무를 수 있는 권리를 부여한다. 그러므로 형벌의 척도는 형벌 원칙이 아니라 목적사상으로부터 도출된다. 속죄 계약은 바로 목적사상을 통한 형벌의 객관화이다.[47]

47 칸트, 헤겔, 헤르바르트에 비해 피히테는 형법학에 별다른 영향을 끼치지 못했으며, 전반적으로 그의 공적에 비해 영향력이 낮은 편이다. 다만 하인체(Heinze)의 '역량이론(Leistungstheorie)'만이 일정 부분 피히테의 사상으로부터 영향을 받고 있을 뿐이다.

헤르바르트도 형벌의 척도에 관해서는 아무런 원칙도 제시하지 못한다. 적어도 나로서는 그의 설명에서 형벌 척도의 원칙을 전혀 찾아볼 수 없다. 이 점은 가이어가 헤르바르트의 견해를 특색 있게 설명하고 있는 곳에서도 마찬가지다.[48]

> 응보 사상에 따르면 모든 선행과 모든 악행은 행위를 한 사람에게 같은 **양**의 선과 악이 돌아가도록 응당한 보답이 이루어져야 한다. 그러나 이것만으로 동해보복이라는 결론에 도달하지 못한다 … 오히려 형벌 수단의 **질**은 법질서의 안전을 요구하는 법의 이념과 범죄자의 개선을 바라는 호의의 이념에 의해 규정된다 … 그러나 이렇게 형벌의 목적을 고려하더라도 결코 응보라는 형벌 원칙을 위반해서는 안 된다. 즉 응분의 양에 해당하는 형벌 해악을 범죄자에게 부과해야 한다.

그러나 **질**과 무관한 형벌 해악의 **양**은 여러 종류의 형벌이 한 지점으로 수렴될 수 있는 공통분모를 포착할 수 있다는 전제가 충족될 때만 비로소 생각할 수 있다. 이 세계의 어떤 형벌체계가 실제로 그러한 전제를 충족하고 있거나 충족할 수 있다는 증거가 제시될 때까지 나는 얼마든지 기다릴 용의가 있다. 하지만 그사이 헤르바르트와 가이어의 이론은 범죄와 형벌 사이의 **동가치성**을 요구(헤겔)하는 방향으로 선회한 상태이다.

---

48 여기서는 v. Holtzendorff, *Encyclopädie der Rechtswissenschaft*, 4. Aufl., 1882, S. 874에 따라 인용한다. 또한 Geyer, "Philosophische Einleitung in die Rechtswissenschaften", 앞의 책, S. 1 이하, 특히 58 이하; ders., *Geschichte und System der Rechtsphilosophie*, 1863, S. 128 이하도 참고.

형법학의 영역에서 헤겔의 이론이 이루어낸 발전은 이 지점에서 우리에게 매우 중요한 의미가 있다. 잘 알려져 있듯이 헤겔은 범죄와 형벌 사이의 동가치성을 요구했을 뿐, 범죄와 똑같은 형벌이라는 의미의 **특수한** 동일성을 요구하지는 않았다. 헤겔의 견해는 오늘날 가장 일반화된 견해인 여러 가지 합일설(베르너 등)의 출발점이 되고 있긴 하지만, 특히 가장 최근에 헤겔의 이론을 형법에 적용하려는 대표적인 학자 두 사람은 헤겔의 형벌 원칙으로부터 결코 형벌 척도를 도출할 수는 없다는 점을 예리하고 분명하게 밝히고 있다. 이러한 견해는 정말 중요한 의미가 있다. 이러한 견해는 목적사상을 지지하는 여러 학자와 형법학에서 오늘날에도 명망 있는 학자들이 여전히 주장하고 있는 헤겔의 철학 사이에 이 문제에 관한 한 얼마든지 의견을 같이할 가능성이 있음을 보여주기 때문이다.

바르는 이미 헤겔의 『법철학』에 대한 서평에서 다음과 같이 말하고 있다.[49]

> 다시 말해 범죄의 본질은 일반적 법원칙에 대한 반항이다. 따라서 어떠한 외적 수단을 통해 그리고 어떠한 질과 양에 따라 그러한 반항을 무가치하고 불법적인 반항으로 규정할 것인가의 문제는 이 원칙에 따라 결정할 수 없다 … 그러므로 헤겔이 당연하게도 자세히 설명하지 않은, 형벌의 형태와 측정은 … **전혀 원칙의 영역에 속하지 않는다.**

이런 의미에서 바르는 응보형을 단호히 배척한다.[50] 그에게 책임과

---

49 v. Bar, *Handbuch*, I, S. 277ff.
50 v. Bar, *Handbuch*, I, S. 311ff.

형벌은 전혀 수렴될 수 없는 별개의 단위이다. 원칙적으로 모든 형태의 비난은 같은 가치를 갖는다. 원시 형벌은 어느 곳에서나 한계와 절제를 모르는 무법 상태였고, 법질서가 점차 확립되면서 형벌의 완화가 가능하게 되었고 또한 실현되었다.

나는 바르의 이러한 서술에 전적으로 찬성한다. 그렇지만 책임이 형벌의 척도를 제공하지 않는다면, 도대체 어디에서 형벌의 척도를 끌어내야 할 것인가? 바르는 다음과 같이 대답한다.

전통이 곧 정의이다. 다른 민족들의 법 생활을 교훈의 거울로 삼으면 정의가 무엇인지 알게 되리라!

이 대답에 만족할 사람은 거의 없을 것이다. 물론 바르가 입법자와 학문에 대해 건전한 발전은 비약이 없는 발전이라고 경고하는 것은 나름의 타당성이 있을지도 모른다. 하지만 거기에 형벌 척도의 원칙은 포함되어 있지 않다.

이론적 출발점이 바르보다 훨씬 더 헤겔에 밀착되어 있지만, 우리의 물음에 대한 대답과 관련해서는 바르보다 훨씬 더 독자적인 견해를 피력하는 헬슈너는 형벌의 **본질**을 불법의 삭제로 보면서도, 형벌의 **척도**는 전적으로 '합목적성의 고려'라고 한다.[51] 왜냐하면 범죄와 형벌의 가치를 비교할 때는 법과 국가에서 범죄가 갖는 개별적 가치와 형벌이 범죄자에게 갖는 개별적 가치를 규정하는 것이 중요하기 때문이라고 한다. 이로부터 정당한 형벌 척도와 관련해서는 모든 시

---

51 H. Hälschner, *Das gemeine deutsche Strafrecht* I, 1881, S. 558 이하.

대에 타당한 절대적 척도가 존재할 수 없다는 결론을 도출한다. 형사입법은 형벌을 목적을 위한 수단으로 고찰하고, 형벌을 확정할 때 합목적성을 고려해 결정하는 것 이외에는 다른 방법을 취할 수 없다.

엄격한 철학적 경향을 보이는 이 두 대표자에 나는 다시 다른 출발점으로부터 같은 결론에 이르는 또 한 사람의 학자를 추가하고 싶다. 그는 절대설을 고수하는 존탁[52]이다.

형벌은 저질러진 범죄로부터만 정당화될 수 있다는 (독일철학의) 기본사상은 영원히 그 의미를 상실하지 않을 것이다.

그리고 같은 곳에서 다음과 같이 계속 쓰고 있다.

그러므로 국가는 불법, 즉 모든 위법적인 작위 및 부작위에 대항해 법의 이익을 위해 반작용해야 하지만, 국가가 이러한 반작용을 위한 수단을 선택할 때에는 어떠한 제한도 있을 수 없다. 왜냐하면 **이성은 단지 불법에 대해 반작용할 것만 요구할 뿐, 어떻게 반작용해야 한다고 요구하지 않기 때문이다.**

나 자신이 주장하는 것도 이와 다르지 않다.[53]

우리의 고찰은 결과적으로 위에서 제기한 주장이 타당하다는 점을

---

52 R. Sontag, "Beiträge zur Lehre von der Strafe", in: *ZStW* I(1881), S. 495.

53 따라서 Mittelstädt, "Für und wider Freiheitsstrafen", in: *ZStW* II(1882). S. 423에서는 존탁에 반대하여 다음과 같이 올바른 지적을 하고 있다. "내용적으로 형벌의 본질에 관한 그와 같은 절대설의 근거는 결국 빈딩과 리스트의 간결한 명제, 즉 형벌은 법익 침해를 통한 법익 보호라는 명제와 같은 결론에 도달하게 된다."

확인하고 있다. 즉 모든 절대설의 기초를 이루는 형이상학적 형벌 원칙으로부터 형벌 척도에 관한 확고한 원칙을 도출할 수 없다는 사실이다. 따라서 형벌 척도의 원칙을 목적사상을 토대로 규정하려는 우리의 노력을 통해 절대설을 지지하는 공정한 학자들을 우리 편으로 끌어들여야 한다.

2) 그러나 응보형은 단순히 범죄와 형벌 사이의 동일성 — 그것이 특수한 동일성인지 아니면 동가치성인지는 중요하지 않다 — 으로만 등장하지는 않는다. 오히려 오늘날 문헌에서 제기되는 응보형의 기본사상은 기본적으로 비례적 정의의 이념이다.

> 절대적이지 않은 정의는 각 민족의 법적 발전 상태에 맞추어 중대한 범죄는 경미한 범행에 비해 훨씬 더 중대한 형벌로 위협해야 한다는 것을 뜻한다.[54]

따라서 특정한 경우 무엇이 정의인지를 밝히는 것만으로는 충분하지 않다. 왜냐하면 정의는 전적으로 형벌체계에 의존하기 때문이다. 예컨대 사형, 종신형 또는 10년의 징역형이 과연 정의로운 형벌인지를 알기 위해서는 형벌체계가 사형과 종신형을 수용하고 있는지, 유기징역의 상한선이 10년, 15년, 20년, 25년 또는 30년으로 정해져 있는지를 알아야 한다. "나에게 형벌체계를 말해달라, 그러면 내가 너희에게 정의를 말해 주겠다." 하지만 형벌체계를 어떠한 원칙으로부터 끌어내야 하는지에 대해 '정의'는 아무것도 모른다.

하지만 이 문제에 대해서는 더 이상 논의하지 않고, 단지 '절대적

---

54 v. Holtzendorff, *Das Verbrechen des Mordes und die Todesstrafe*, 1875, S. 223.

정의'란 존재하지 않는다는 점만을 확인하는 것으로 만족하자. 우리는 또한 **주어져 있는** 체계에 속하는 형벌들을 각각의 경중을 따져 적절하게 결정하게 된다고 전제하기로 하자. 그렇지만 도대체 **범죄의 경중**, 다시 말해 **특정한** 범죄가 전체 범죄**체계** 속에서 지니는 **상대적** 비중을 어떻게 결정할 것인가?

이 물음에 대한 일반적인 대답은 포이어바흐[55] 이후 거의 달라지지 않았다. 포이어바흐에 따르면 범죄의 객관적 및 주관적 위험성이 그 (상대적) 척도를 이룬다고 한다. 여기서 객관적 위험성은 침해된 또는 위험하게 된 권리의 중요성에 따라 결정되고, 주관적 위험성은 심리적 동기의 위험성과 강도에 따라 결정된다. 포이어바흐의 이론을 몇몇 최근의 이론과 비교해 보자. 존탁[56]은 다음과 같이 하면 정의의 요청을 충족시킬 수 있다고 한다.

> 범죄는 그것이 전체 국민의 생활에서 지니는 의미에 따라 파악하고 비교를 통해 … 범죄의 법적 가치를 결정해야 한다. 범죄의 법적 가치는 다시 두 가지 요소, 즉 범죄의 **공격 대상**과 범죄자의 **위법한 의지**로 구성되고, 이 두 가지 요소의 **비중**은 상당히 유동적이다.

또한 라쏭은 다음과 같이 말한다.[57]

---

55 Feuerbach, *Revision der Grundbegriffe des peinlichen Rechtes II*, 1799, S. 131 이하.
56 R. Sontag, "Beiträge zur Lehre von der Strafe", in: *ZStW* I(1881), S. 497.
57 A. Lasson, *System der Rechtsphilosophie*, 1822, S. 535 이하(이에 관해서는 *ZStW* II, S. 143도 참고).

책임이 크면 클수록 형벌도 비례하여 무거워진다. 그런데 책임의 크기는 범죄행위의 성질이 법질서의 존립을 심각하게 침해하는지 아니면 표면적으로 침해한 것에 그치는지 그리고 범죄행위에서 드러나 있는 범죄적 의지가 어느 정도 강한지에 따라 결정된다.[58]

결과적으로 볼 때 어느 이론에서나 두 가지 관점이 등장한다. 하나는 법익 침해의 경중에 따른 **객관적** 관점이고, 다른 하나는 행위자의 의지 방향에 따른 **주관적** 관점이다. 이 두 관점을 우리의 현행법에서 실현하는 작업이 여러 가지 측면에서 많은 개선을 요구한다는 점을 나는 전혀 반박할 생각이 없다. 아직 개선이 이루어지지 않은 탓에 법률가가 아닌 사람은 상상조차 할 수 없을 정도로 우리의 형사실무가 아무런 기준도 없고 지향점도 없는 상태로 흘러가고 있다.[59] 법관은 형벌 범위 내에서 구체적인 형량을 정하면서 입법자가 형벌 범위를 확정할 때 지침이 되었던 이 두 가지 관점을 적용해야 한다. 하지만 이 두 가지 관점 자체가 의문에 봉착한다면, 어떻게 구체적인 형량을 정

58 H. Meyer, *Lehrbuch des deutschen Strafrechts*, 3. Aufl., S. 15에서는 이 문제를 매우 안일하게 처리하고 있다. "국가가 형벌로써 어떠한 불이익을 줄 것인지는 천차만별이다. 이것은 대체로 지배 관계나 지배적인 이념에 의존하게 될 것이다 … 더욱이 형벌의 척도는 입법자가 평가할 사항이다. 이 경우 일차적으로는 응보의 목적이 척도가 되고, 단지 이차적으로만 형벌의 현실적 목적이 고려된다." 그러나 이런 식의 정의, 즉 남의 말을 적당히 갖다 붙이는 편의적인 정의는 일종의 기회주의로서 나로서는 결코 인정할 수 없다. 마이어를 반박하는 맥락에서 A. Merkel, "Über 'das gemeine Deutsche Sttrafrecht' von Hälschner und den Idealismus in der Strafrechtswissenschaft", in: *ZStW* I(1881), S. 558, 각주 2)에 나와 있는 내용을 참고하기를 권한다. 이에 관해서는 또한 G. Rümelin, "Über die Idee der Gerechtigkeit", in: ders., *Reden und Aufsätze, Neue Folge*, 1881; v. Bar, *Handbuch*, I, S. 330, 335 각주, 336도 참고.

59 이에 관해서는 Mittelstädt, 앞의 논문, S. 428, 442, 특히 443에서 실무가 겪고 있는 극도의 혼란과 착각을 폭로하고 있는 내용을 참고.

할 수 있을 것인가?

그러나 이보다 더 큰 문제는 두 가지 관점이 서로 모순되기 때문에 결코 화합할 수 없다는 점이다. 즉 두 가지 관점 모두가 **똑같은 타당성을 갖도록** 조화시키는 것은 불가능하다. 그 때문에 두 가지 가운데 어느 하나를 주요 원칙으로 만들어 형벌 범위를 정하는 기초로 삼고 다른 관점은 부수 원칙으로 만들어 형벌 범위를 다시 세분화하고, 이 형벌 범위 내에서 구체적인 형량을 정하도록 할 때만 두 관점의 조화가 가능할 수 있다. 그러나 이 가능성에 대해서는 아무도 언급하고 있지 않다.

더 나아가 주관적 원칙의 불확실성도 커다란 문제이다. 주관적 원칙이란 **범행을 하는 순간**의 의지 방향에 관한 **법적** 판단을 뜻하는가 아니면 **의지의 방식**, 다시 말해 지속적인 형태의 성격에 관한 **도덕적** 판단을 뜻하는가? 우리가 범죄자를 처벌할 때는 그가 **저지른 행위** 때문에 처벌하는 것인가 아니면 그가 **이러이러한 사람**이라는 것 때문에 처벌하는 것인가? 우리의 판단 대상은 **행위**인가 아니면 **행위자**인가?[60]

의심의 여지 없이 대다수 법률가는 이 두 가지 대안 가운데 첫 번째를 강력하게 주장할 것이다. 그러나 자세히 들여다보면 우리는 곧바로 다음과 같은 사실을 확인할 수 있다. 즉 비례적 정의를 지지하는 학자들의 대부분은 여러 가지 문제와 관련해 의지의 방식에 관한 도덕적 판단에 커다란 의미를 부여하고 있다는 사실이다.[61] 그 때문에 상

---

60 E. Laas, "Vergeltung und Zurechnung", in: *Vierteljahresschrift für wissenschaftliche Philosophie* V., S. 448 이하(이에 관해서는 *ZStW* II, S. 146 참고).

61 이에 관해서는 Merkel, "Über das gemeine deutsche Strafrecht von Hälschner und den Idealismus in der Strafrechtswissenschaft", in: *ZStW* I, S. 553 이하, 특히 S. 593 이하의 적절한 설명을 참고.

습범죄자에 대한 가중 처벌은 응보형의 관점에서는 구체적인 범죄행위를 하기 이전에 이미 전반적인 삶의 방식 때문에 습득하게 된 습관, 즉 범죄를 저지르지 않겠다는 의지가 약해지게 만든 것 자체를 형벌을 가중하는 요소로 강조하지 않고서는 달리 정당화할 길이 없다. 그러나 범죄행위를 하는 순간에 이미 습관으로 형성되어 있는 성향, 즉 의지의 자유가 이미 약해진 상태를 고려하는 법률가라면 이 상태를 오히려 상습범죄자에 유리하게 형벌을 감경하는 사정으로 파악해야 한다.[62] 그러나 이러한 법적 판단의 영역을 넘어서 윤리적 가치판단의 영역에 발을 들여놓게 되면 이제는 우리가 발을 딛고 서 있을 땅이 완전히 무너져 내리고 만다. 그 때문에 형법학자와 형사실무가는 다음과 같은 칸트의 유명한 말을 자주 상기하지 않을 수 없게 된다.

> 행위에 내재하는 고유한 도덕성(공적과 죄악)은 심지어 우리 자신의 행위와 관련된 경우에조차 완전히 비밀로 남아 있다. 공적에 상을 주고 죄악에 벌을 주는 평가의 귀속은 그저 경험적 성격과 관련될 수 있을 뿐이다. 하지만 그 가운데 어느 정도가 자유의 순수한 작용에 힘입은 것이고, 어느 정도가 단순한 자연적 본성과 책임과 아무 관련이 없는 기질 또는 행운에 기인한 것인지는 누구도 밝혀낼 수 없고, 따라서 완벽한 정의에 비추어 판단할 수 없다.[63]

어쨌든 한 가지만은 확실하다고 본다. 즉 비례적 정의의 이념은 형

---

62 이것은 사실상 클라인슈로드(Kleinschrod) 이후 늘 되풀이되고 있다. 이 문제의 역사에 관해서는, v. Lilienthal, *Beiträge zur Lehre von den Kollektivdelikten*, 1879, 특히 S. 33 이하 참고.

63 Kant, *Kritik der reinen Vernunft*(S. A. von Hartenstein, 1868), S. 381.

벌 척도의 근거로서는 적합하지 않다는 점이다. 비례적 정의는 **그 자체 모순을 담고 있고**, 이 모순을 입법과 사법의 영역으로 다시 옮겨 놓는다. 비례적 정의의 이념은 **상대성**(비례관계)을 기초로 삼으면서 모든 절대적 가치 평가를 포기한다. 그리하여 많든 적든 의도적으로 **관념적 주관주의**를 숭배하면서 도덕 원칙을 실현하는 관념적 정의라는 환상 때문에 법적 판단을 희생시키고 만다.

3) 일단 응보형을 옆으로 제쳐 두고, 위에서 중단되었던 설명을 다시 이어가 보기로 하자. 지금까지 우리를 안전하고 편안하게 인도했던 목적사상은 앞으로도 계속 지도자로 남아 있어야 한다. 형벌의 기능을 법익 보호로 파악하는 우리는 필연적으로 개개의 경우에 형벌을 통해 법익 세계를 보호하는 데 (그 범위와 내용에 비추어) 필요한 형벌만을 부과하라고 요구하게 된다.

올바른 형벌, 즉 정당한 형벌은 필요한 형벌이다. 형법에서 정의란 목적사상이 요구하는 형벌의 척도를 잘 지키는 것이다. 국가권력의 자기제한으로서의 형벌이 객관화를 통해 형성되었듯이, 형벌을 최고도로 완성하는 일은 곧 객관화를 완성하는 것이다. 즉 **형벌권을 목적사상을 통해 완벽하게 구속하는 것이 형벌 정의의 이상이다.**

필요한 형벌만이 정당한 형벌이다. 형벌은 목적을 위한 수단이다. 그러나 목적사상은 수단을 목적에 순응시키라고 요구하며, 수단의 사용을 최대한 삼가라고 요구한다. 이러한 요구는 형벌에 대해서는 더욱 특별한 정도로 강하게 제기된다. 왜냐하면 형벌은 양날의 칼이기 때문이다. 즉 형벌은 법익 **침해**를 통한 법익 **보호**이다. 형벌을 함부로 남용해 법질서의 필요에 따라 반드시 요구되지 않는 경우인데도 형벌을 부과하여 시민의 육체적, 윤리적, 경제적 존립을 말살하는 것은 목적사상에 대해 가장 커다란 죄악을 범하는 일이다. 따라서 목적사상의 지배는 지난날의 잔혹한 형벌로부터 개인의 자유를 보호하는 가장 확실한 방법이다. 잔혹한 형벌은 — 이 점을 상기할 필요가 있다 — 응보형에 대한 굳건한 신념을 갖고 있던 관념론자들이 아니라 '평범한 합리주의'의 실현을 위해 투쟁한 선구자들에 의해 제거되었다.

> 만일 베카리아가 범죄와 형벌에 관한 그의 유명한 저서(1764)에서 형벌의 무제한성에 반론을 제기하지 않았다면, 애덤 스미스가 국가의 부의 원인에 관한 저서(1776)에서 반론을 제기했을 것이다.[64]

이렇게 해서 우리는 형벌 척도의 **원칙**을 찾아냈고, 이제 중요한 일은 이 원칙으로부터 구체적인 사례에서 부과해야 할 형벌의 척도를 규정하는 것이다. 다시 말해 목적사상의 원칙에 따라 **구체적인** 범죄에 부합하는 형벌, 구체적 사례에서 정의로운 형벌의 **양을 정해야** 한다. 이러한 과제를 해결하기 위해서는 형벌이 어떠한 작용을 하는지 정확히 탐구해야 한다. 형벌은 법익 보호이다. 하지만 **왜** 형벌은 법익보호인가? 형벌은 어떤 식으로 법익을 보호하는 작용을 하는가? **형벌 안에 있는 추진력은 무엇이고 형벌의 직접적 결과는 무엇인가?** 이 추진력을 통해 어떠한 종국적 결과가 발생하고, 이 결과는 직접적 결과와는 어

---

64 v. Jhering, *Der Zweck im Recht*, S. 362, 477. 최근에 특히 발베르크가 이러한 사상을 지적하고 있는데, 이는 커다란 공적이다. 이에 관해서는 W. Wahlberg, *Kriminalistische und nationalökonomische Gesichtspunkte mit Rücksicht auf deutsche Strafrecht*, 1872 참고.

떠한 관계가 있는가? 한마디로 말하면, 형벌의 비밀은 어디에 있는가? 우리의 견해에 따른 형벌이 추구하는 목적은 학교 제도와 경찰 제도를 개선하면 더욱 확실하고 쉽게 달성할 수 있다고 생각하는 반대자들은 과연 정당한 비판을 하는 것인가 아니면 근시안적 편견에 사로잡혀 있을 뿐인가?

이 물음들에 확실하게 대답하는 방법은 단 **하나**뿐이다. 그것은 **체계적으로 대량의 관찰을 수행하는** 사회과학의 방법이다. 즉 넓은 의미의 **범죄통계학**만이 우리를 목표로 이끌어갈 수 있다. 우리가 형벌의 법익보호적, 범죄예방적 작용을 **학문적** 확실성에 따라 확인하고자 한다면, 우리는 범죄를 사회적 현상으로, 형벌을 사회적 기능으로 고찰해야 한다. 그것만이 논쟁을 완전히 해결할 수 있는 바탕이다.

우리가 필요로 하는 범죄통계학, 즉 모든 학문적 요구를 충족하고 형법학자들의 모든 물음에 신속하고 정확하게 대답을 줄 수 있는 확실한 범죄통계학은 아직 우리 손에 있지 않다. 이것은 이 분야에서 가장 권위 있는 학자인 외팅겐의 판단이다.[65] 원칙들 사이의 화해할 수 없는 대립보다는 범죄통계학이 없다는 사정이 형벌을 둘러싼 논의를 더욱 어렵게 만들고 있다.

그러므로 내가 앞으로 위에서 제기한 물음에 대해 대답하려고 시도할 때 나는 이 대답이 결코 확정적이고 의문의 여지 없는 의미를 지닌다고 주장할 수는 없다는 사실을 그 누구보다도 더 뚜렷이 의식하고 있다. 그렇지만 나의 시도는 지금까지의 결과를 요약하고 평가하는

65 A. v. Oettingen, "Über die methodische Erhebung und Beurteilung kriminalistischer Daten", in: *ZStW* I, S. 414 이하.

것으로 단순한 일방통행식 주장을 넘어 여러 가지 방향에서 상당한 성과를 보여줄 수 있으리라고 확신한다.

V. 목적의식적 법익 보호로서의 형벌

1) 활용할 수 있는 수단이 많지 않은 상태에서 형벌에 내재하는 추진력, 즉 형벌의 직접적 작용을 연구하고 확인한 것은 상대설이 달성한 불후의 공적이다. 범죄통계학이 발전하더라도 상대설의 성과는 흔들리지 않거나 약간의 동요를 불러일으킬 뿐일 것이다. 상대설은 단지 이론으로서는 너무 일방적이라는 오류에 빠져 있을 뿐이다. 따라서 우리는 이러한 일방성에 빠져들지 않도록 조심해야 한다.

형벌은 **강제**이다. 형벌은 범죄자의 의지가 구체적으로 표현되는 법익을 침해 또는 말살함으로써 범죄자의 의지에 대항한다. 강제로서의 형벌은 두 가지 성질을 가질 수 있다.[66]

a) 간접적, 심리적 강제 또는 **동기부여**. 형벌은 범죄자에게 범행을 억제하기에 적합한 동기가 없는 경우 그러한 동기를 **부여**하고, 이미 있는 동기를 **증폭**시키고 **강화**한다. 이 경우 형벌은 범죄자를 사회에 **인위적으로 순응**하게 만드는 방법으로서, 특히 다음과 같은 두 가지 방식을 취한다.

α) **개선**, 즉 이타적, 사회적 동기를 심어주고 이를 강화하는 방식

---

66 Jheing, *Der Zweck im Recht*, S. S. 50 이하, 238 이하; von Liszt, *Das deutsche Reichsstrafrecht*, S. 3 이하 참고.

β) **위하**(威嚇; Abschreckung), 즉 이기적이지만 결과적으로는 이타적 동기와 합치하는 동기를 심어주고 이를 강화하는 방식

b) 직접적, 물리적 강제 또는 **폭력**. 이 경우 형벌은 범죄자를 격리한다. 즉 범죄자를 일시적 또는 영구적으로 사회로부터 제거하거나 배제하는 것 또는 사회 내에서 격리 수용하는 것이다. 이러한 형벌은 사회적 쓸모가 없는 개인들을 **인위적으로 선별**하는 것으로 나타난다. "자연은 자연에 반하여 행위를 하는 자를 잠들게 하고, 국가는 그런 자를 감옥으로 내던진다."[67]

개선, 위하, 무해화(無害化)는 형벌의 직접적 작용이며, 형벌에 내재하는 추진력을 통해 형벌은 **법익을 보호**하는 작용을 한다.[68]

형벌집행의 작용에 덧붙여야 할 다른 중요한 작용은 있을 수 없다. 형벌은 내가 **반사작용**이라고 부르고 싶은[69] 일련의 작용도 갖고 있다는 점은 분명하지만, 반사작용은 우리의 분류를 바꾸어야 할 정도로 커다란 의미가 없다. 다만 한 가지 작용은 언급할 필요가 있다. **형벌 위하**가 지닌 의미이다. 형벌은 경고와 위하를 통해 범죄를 멀리하려는 동기를 강화한다. 우리가 이러한 작용을 간과해서는 안 되지만, 여기서는 일단 제쳐 놓지 않을 수 없다. 왜냐하면 우리에게 중요한 것은 국가의 명령이 아니라, 국가의 **형벌**이기 때문이다. 형벌 위하는 단지 강화된 형태의 명령일 뿐이다.

---

67 Jhering, 앞의 책, S. 51.

68 이에 관해서는 Platon, *Nomoi*, IX, S. 854 이하에 등장하는 세 가지 형벌 목적을 참고. 또한 Aristoteles, Nichomachische Ethk, II. 3. § 1, X, 9, §§ 3, 8, 9도 참고.

69 내가 여기서 염두에 두고 있는 내용은 타인에 대한 형벌의 작용이다. 이러한 형벌 작용은 두 가지 형태를 지니고, 따라서 일반예방 및 타인에 대한 사회적 동기의 강화로 나타난다. 나는 또한 피해자를 만족시키는 것 역시 형벌의 작용이라고 생각한다.

어떤 구체적인 **형벌체계**가 가치가 있는지 그렇지 않은지는 이 형벌체계가 위에서 말한 세 가지 형벌 목적의 달성을 얼마만큼 확실하고 탄력적으로 가능하게 만들어주는가에 달려 있다. 그리고 개개의 형벌이 갖는 가치 역시 그러한 목적 달성의 확실성과 탄력성에 달려 있다. 미텔슈테트가 **자유형**의 의미를 완전히 오해하는 것도 바로 이 지점에서다. 자유형은 그 어떤 종류의 형벌보다도 모든 형벌 목적을 탄력적으로 달성하기에 가장 적합한 수단이기 때문에 형벌체계에서 제1의 주도적 지위를 차지해야만 한다는 사실에 대해서는 전혀 의문이 있을 수 없다.

구체적인 사례에서는 이 세 가지 형벌 목적이 서로 배제하는 관계에 있을 수 있다는 점을 특별히 강조할 필요는 없을 것이다. 따라서 구체적 사례에서는 도달해야 할 필요가 있고 또한 도달할 수 있는 형벌 목적에 맞추어 형벌의 종류와 범위를 조율해야 한다. 사형으로 범죄자를 개선하거나 위하할 수는 없을 것이고, 25대의 태형으로 범죄자에게 활발한 이타적 동기를 부여할 수는 없는 노릇이다. 단 하나의 형벌(예컨대 300마르크의 벌금형)로 A를 개선, 위하, 무해화하고자 한다면 그것은 당연히 모순이다. 하지만 A는 벌금형으로 위하하고, B는 독방에 가둬 개선하고, C는 종신 자유형으로 사회로부터 격리하는 것은 결코 모순이 아니다. 이 점을 명시적으로 지적하는 것이 전혀 쓸모없는 일은 아니다. 왜냐하면 존탁은 아직도 다음과 같이 말하고 있기 때문이다.[70]

70 Mittelstädt, 앞의 논문, S. 494.

위하와 개선을 동시에 추구하는 안전 이론은 마치 불과 물을 섞고자 하는 것과 같이 모순투성이라서 어떻게 오늘날에도 그러한 이론의 주장자(리스트와 지하르트)가 있는지 수수께끼가 아닐 수 없다.

그러나 아마도 오해가 풀리면 이 수수께끼도 풀릴 것이다.

2) 그런데 개선, 위하, 무해화가 정말로 형벌의 본질적 작용이고, 이 점에서 형벌을 통한 법익 보호의 형태들이라면, 이 세 가지 형태의 형벌은 **세 가지 범주의 범죄자**에 상응하는 것이어야 한다. 왜냐하면 형벌은 범죄라는 개념에 대항하는 것이 아니라, 범죄자에 대항하는 것이기 때문이다. 범죄자도 법익을 갖는 주체이며, 범죄자의 법익을 침해 또는 말살하는 것이 형벌의 본질이기 때문이다. 세 가지 형벌 유형을 세 가지 범죄자 유형과 결합하는 이 논리적 요구는 범죄인류학의 연구결과[71]를 통해서도 상당 부분 타당성이 증명되고 있다. 물론 지금까지 얻어진 연구결과는 아직 불확실한 점이 있고 완전무결한 것이 아니어서 섬세하고 완벽한 결론을 제시해 주지는 못한다. 그렇지만 일반적으로 다음과 같은 분류를 출발점으로 삼아 앞으로의 고찰을 진행할 수 있을 것이다.

1) 개선이 가능하고 개선이 필요한 범죄자에 대해서는 개선
2) 개선이 필요 없는 범죄자에 대해서는 위하
3) 개선이 불가능한 범죄자에 대해서는 무해화

---

71 위에서 지적했던 연구, 특히 롬브로조와 페리의 연구를 참고.

나는 아래에서 이러한 분류가 현실적으로 어떠한 의미를 지니는지에 대해 간략하게 논의하겠다. 다만 순전히 형식적인 이유에서 앞에서 말한 세 가지 범죄자 유형의 순서를 바꾸어 설명하겠다.

첫 번째 그룹은 개선 불가능한 범죄자다.[72] 상습범을 퇴치하는 것은 현재 해결해야 할 가장 절박한 과제 가운데 하나이다. 한 부분에 병이 들면 몸 전체가 중독되듯이 급속하게 번지는 상습범죄의 폐해는 마치 암세포처럼 우리의 사회생활 전체를 잠식하고 있다. 형법학을 지배하는 교조주의는 이 문제에 대해 무책임하기 짝이 없는 행태를 보인다. 형법학의 교조주의는 오로지 개념적 구성에만 몰두한 채 상습범죄라는 사회적 사실에 대해서는 오늘날까지 — 몇몇 예외를 제외하고는 — 아무런 관심도 보이지 않고 있기 때문이다.

상습범죄에 맞선 투쟁은 이에 대한 정확한 지식을 전제한다. 그러나 우리는 아직도 그러한 정확한 지식을 갖고 있지 못하다. 물론 상습범죄는 우리가 흔히 프롤레타리아라는 이름으로 총괄하는 일련의 사

---

72 여러 저서 가운데서 상습범과 기회범의 근본적 차이를 강조한 것은 발베르크의 불멸의 공적이다. 그 가운데 특히 W. Wahlberg, "Über das gewohnheitsmässige Verbrechen mit besonderer Rücksicht auf den Gewohnheitsdiebstahl", in: ders., *Gesammelte kleine Schriften* I, S. 136 이하; ders., "Das Maß und der mittlere Mensch im Strafrecht", in: *Zeitschrift für das Privat- und Öffentliches Recht der Gegenwart*, Bd. V, S. 465 이하; ders., "Das Gelegengeitsverbrechen", in: *Gesammelte kleine Schriften* III, S. 55 이하; ders., "Das Maß und die Wertberechnung im Strafrechte", ebd., S. 101 이하; ders., "Gutachten an den internationalen Pönitentiar-Kongreß zu Stockholm über die Bekämpfung des Rückfalls", ebd. S. 213 이하 참고. v. Lilienthal, Beiträge zur Lehre von den Kollektivdelikten에서는 아주 적절하게 발베르크의 상습범죄에 관한 법적 정의 및 상습범죄자에 대한 가중 처벌의 법적 근거를 비판하고 있는데, 이는 물론 부분적으로 타당하지만, 그로 인해 발베르크의 공적은 조금도 손상되지 않는다. 상습범죄는 우리가 이에 관한 적절한 개념정의를 갖고 있진 않지만, 어쨌든 그 자체 엄연히 존재하는 현상이다. 릴리엔탈에 반대하는 견해로는 Hälschner, *Das gemeine deutsche Strafrecht* I, 1881, S. 558 참고.

회적 병리 현상 가운데 가장 중요하고 가장 위험한 부분에 해당한다. 걸인, 부랑자, 매춘부, 알코올 중독자, 사기꾼, 뚜쟁이, 정신이나 육체가 퇴폐한 자 등은 모두 사회질서에 철저히 반하는 무리이고, 그들 가운데 우두머리 집단이 바로 상습범죄자들이다. 우리가 떠돌이 사기꾼들의 범행을 사회윤리적으로 확인하지 않은 채 상습범죄 자체를 파악하려고 하는 것은 헛된 노력일 뿐이다. 이와 관련해서는 **풍속** 통계가 많은 도움이 될 것이다. 특히 오늘날에도 여전히 신뢰할만한 방법론을 갖고 있지 않은 **범죄**인류학이 풍속 통계를 응용하면 상당한 성과를 거둘 수 있을 것이다. 그러나 우리는 그러한 성과가 나타날 때까지 **기다릴 수 없다**. 더욱이 그러한 성과가 **필요하지도 않다**.

상습범죄의 법적 표현은 **누범 통계**의 숫자이다. 누범 통계는 비록 누구도 반박할 수 없는 완전무결한 것은 아니지만, 이로부터 몇 가지 중요한 사실들을 도출할 수 있다. 그리고 이 사실들은 우리가 직접 행동으로 옮기기에 적합한 발판을 제공한다.

우선 누범자가 범죄자의 다수를 차지하고, 또 개선 불가능한 자가 누범자의 다수를 차지한다는 사실이다. 나의 이러한 주장은 지하르트[73]가 뷔르템베르크주에서 조사한 통계와 최근에 발표된 1880/81년 1/4분기 프로이센의 공식 교도소 통계[74]에 근거하고 있다. 뷔르템베르크주 교도소에서는 1868/69년에서 1877/78년까지 유죄선고를 받은 자의 전체 숫자 가운데 누범자의 비율이 34%에서 48%로 상승

73 E. Sichart, *Über die Rückfälligkeit der Verbrecher und über die Mittel zu deren Bekämpfung*, 1881.

74 *Statistik der zum Ressort des königlichen Preußischen Ministeriums des Innern gehörenden Straf- und Gefangenenanstalten pro 1. April 1880/81*, Berlin 1882.

했다.[75] 그리고 루드비히스부르크의 남성 교도소에서는 1866/67년에서 1877/78년까지 누범자의 비율이 51%에서 72%로 올라갔다. 1877/78년을 기준으로 하면 상승비율은 60%에 달한다.[76] 루드비히스부르크 교도소의 누범자(1872년 1월 1일부터 1880년 3월 31일까지 수감자는 총 1,649명이다)는 평균 5회씩 감옥에 들어온 셈이다.[77] 그리고 유죄선고를 받은 자들은 석방 후 다시 감옥에 들어올 때까지 평균 3.27회의 범죄를 저질렀다.[78]

프로이센의 통계에 따르면 1880/81년 1/4분기에 수감자들 가운데[79] 76.47%는 이미 이전에 처벌을 받은 적이 있는 전과자들이었다.[80] 이것은 전체 수감자 수의 64.03%에 해당한다(전년에는 52.37%였다).[81] 그러므로 1880/81년 1/4분기에 누범 수감자 평균치는 70%에 이른다. 보고된 숫자[82]에 근거해 내가 계산한 바로는 7,033명의 누범 수감자(금고형) 가운데 82% 이상이 2회 또는 그 이상 처벌받았고, 이 가운데 27%는 6회 이상 처벌받았다. 21,327명의 누범 수형자(징역형) 가운데[83] 66%가 2회 이상 처벌받았고, 22% 이상이 6회 이상 처벌받았다. 따라서 평균 수치는 각각 74%와 24.5%이다.

이러한 통계 수치는 문제의 심각성을 그대로 보여주고 있다. 이 수

---

75 Sichart, 앞의 책, S. 8.

76 이 수치는 K. Krohne, “Der gegenwärtige Stand der Gefängniswissenschaft”, in: *ZStW* I(1881), S. 76에도 등장한다.

77 Sichart, S. 11.

78 Sichart, S. 12.

79 *Statistik*, S. 43.

80 전체 수감자 가운데 누범자의 비율은 76.70%에 달한다(*Statistik* S. 50).

81 *Statisik*, S. 55.

82 *Statistik*, S. 43.

83 *Statistik*, S. 55.

치는 현재 누범자에 대한 우리의 대책이 완전히 잘못되어 있음을 완벽하게 증명하고 있다. 즉 해마다 교도소를 들락날락하면서 교도소를 만원 상태로 만드는 자들의 절반은 개선 불가능한 상습범이다. 그러한 사람들을 독방 감옥에 가두어 놓고 비싼 돈을 써가며[84] 개선하려고 시도하는 것은 한마디로 넌센스다. 그러한 자들을 몇 년의 형기가 지나고 난 다음에 야수처럼 다시 사회에 풀어 놓는 것은[85] 더욱더 넌센스다. 아니 그것은 넌센스조차도 아니다. 왜냐하면 그들은 결국 다시 서너 번의 새로운 범죄를 저지르게 되고 풀려난 지 1, 2년이 지나면 다시 수감되어 또 '개선'되어야 할 자들이기 때문이다. 그러나 우리의 양형 체계는 이를 허용하고 요구하고 있는 셈이다. 양형 체계가 '응보'를 충족시키는 쪽으로 구성되어 있기 때문이다. 더욱이 형법학은 인과관계론이나 부작위범에 관한 논쟁 등에 바쁜 나머지, 그런 '사소한' 문제에 신경 쓸 시간적 여유가 없는 모양이다.

개선 불가능한 자들로부터 사회를 보호해야 한다. 우리가 사형을 원하지 않고, 범죄자를 귀양보낼 수도 없으므로 남은 방법은 그러한 범죄자를 평생(또는 기간을 정하지 않고) 감금하는 것뿐이다.[86]

내가 이러한 사상을 발전시키는 생각을 하기에 앞서 다른 사실 하나를 확인할 필요가 있을 것 같다. 어떠한 범죄가 상습적으로 저질러지는지를 증명하는 것은 범죄통계학의 과제이다. 그리고 범죄인류학

---

84 지하르트는 감방 하나를 건축하고 시설하는 데 드는 비용을 4,000마르크로 계산(S. 68)하고, 크로네(*ZStW* I. S. 66)는 4,500-6,000마르크로 계산한다.

85 Kräpelin, *Abschaffung des Strafmaßes*, S. 21에서의 노골적인 묘사 참고.

86 이러한 요구는 이미 여러 번에 걸쳐 단호하게 제기되었다. 이에 관해서는 특히 Wahlberg, "Bericht an den Stockholmer Gefängniskongreß"; v. Lilienthal, *Kollektivdelikte*, S. 103 각주에 제시된 문헌; Schwarze, *Die Freiheitsstrafe*, S. 47; Sichart, 앞의 책, S. 39; Krohne, *ZStW* I, S. 81 이하; Sontag, *ZStW* I, S. 505 이하; Mittelstädt, 앞의 논문, S. 70 참고.

도 이와 관련하여 상당한 공헌을 할 수 있을 것이다. 그러나 현재의 연구 성과만으로도 우리는 어느 정도 확실하게 어떠한 범죄가 상습범죄에 해당하는지를 확인할 수 있다. 첫째는 재산 범죄이고, 둘째는 풍속범이다. 이 두 가지 범죄는 가장 강하고 가장 근원적인 인간의 본능에 근거하고 있다. 더 자세히 말하자면, 다음과 같은 범죄들이 여기에 속한다.[87] 절도, 장물, 강도, 공갈, 사기, 방화, 손괴, 강제추행, 아동성범죄 등이다.[88] 물론 더 정확한 관찰을 통해 이러한 범죄 목록을 보충하고 수정해야 할 것이다.

개선 불가능한 자의 '무해화(Unschädlichmachung)'에 대해 나는 다음과 같이 생각한다. 형법전은 — 현행형법 제244조, 제245조와 비슷한 형태로 — 앞에서 말한 범죄들 가운데 어느 하나로 인해 세 번째 유죄선고를 받은 때는 **부정기형**에 처하도록 규정해야 한다. 그리고 이 형벌은 특수한 시설(교도소 또는 노역장)에 다른 누범자들과 함께 복역하도록 해야 한다. 이 형벌의 특징은 엄격한 노동 강제와 노동 착취를 내용으로 하는 '형벌노예'[89]로 만든다는 점이다. 그리고 징계벌로서 태형도 반드시 결합해야 한다.[90] 그리고 국민 자격을 반드시 지속적으로 박탈해 이 형벌의 절대적 명예 박탈의 성격을 분명하게 보여주어야 한다. 독방 감금은 징계벌로만 부과하되, 어두운 방에 가두고 엄격한 금식 조치를 병행해야 할 것이다.[91]

---

87 이에 관해서는 v. Lilienthal, 앞의 책, S. 109: Sichart, 앞의 책, S.13 참고.

88 바로 이와 같은 범죄들이 증가하는 것을 보면, 우리 국민 대중의 야만성이 점점 높아가고 있음을 역력히 알 수 있다.

89 Mittelstädt, *ZStW* II, S, 437.

90 이에 관해서는 독일 행형법 연방상원 초안 제38조의 10 및 그 이유서 참고.

91 이에 관해서는 Sichart, 앞의 책, S. 40 이하의 제안 참고.

그러나 이 경우에도 사회 복귀의 희망을 완전히 배제할 필요는 없다. 법관이 잘못 판단할 가능성은 언제나 있다. 하지만 이 희망이 현실이 되는 것은 극히 어려운 일이며, 따라서 석방은 극히 예외적인 경우로 제한해야 한다. 그리하여 5년마다 선고 법원에 설치된 감시위원회[92]가 석방 신청을 할 수 있고, 형사법원이 이 신청을 받아들이면 개선 시설 — 이에 관해서는 뒤에 다시 언급하겠다 — 로 넘기고, 거기에서 복역 성적이 나쁠 때는 다시 노역장으로 돌려보내야 한다.

결론적으로 누범자에 대한 우리 형법전의 처벌을 상당히 확장하고 더욱 엄격하게 만들어야 한다. 고도로 현대화된 우리의 양형 체계를 변화가 가능한 '역사적' 존재로 여기면서도, 이에 대한 근원적 개혁은 원칙적으로 반대하는 사람들조차도 이 점에 관해서만은 개혁에 동조할 것이다.

두 번째 그룹은 개선이 필요한 범죄자이다. 이 두 번째 그룹에 속하는 자들도 일반적으로는 상습범죄의 범주에 들어간다. 그러나 이 그룹에 속하는 상습범죄는 선천적 또는 후천적 기질로 인해 범죄를 저지르는 성향이 있긴 하지만, 구제 불능의 상태에까지 이르지 않아서 개선이 필요한 자들이 저지른 범죄에 해당한다. 소규모의 감옥은 범죄 성향을 습득하는 데 가장 중요한 역할을 한다. 그 밖에 불량 숙박업소, 노점 술집, 사창가들도 감옥 못지않게 범죄를 배우기에 좋은 곳이다. 이러한 범죄 경력이 시작되는 단계의 초보 범죄자들은 대부분 아직 구제할 수 있다. 하지만 그렇게 되기 위해서는 진지하고 꾸준한 교

---

92 나는 이와 관련해 위에서 말한 초안 제8조가 제안하고 있는, 발전 가능성이 풍부한 제도를 염두에 두고 있다. 이에 관해서는 이유서 제24면과 Willert, *ZStW* II, S. 488 참고.

육이 이루어져야만 한다. 그러므로 이를 위해 선고되는 자유형은 적어도 1년 이상은 되어야 한다고 생각한다. 범죄 경력의 초보자들에게 단기자유형을 선고하는 것만큼 불합리하고 부도덕한 짓은 없다. 다른 경우에도 그렇지만 여기에서도 책임의 가장 큰 몫은 사회가 걸머져야 하고, 사회의 책임이 전제될 때만 앞으로 있을 상습범죄를 예방할 수 있다.

실무에서 이 문제는 다음과 같이 처리해야만 한다. 즉 앞에서 말한 가벌적 행위 가운데 어느 하나를 초범 또는 재범으로 저질렀을 때 법원은 **개선 시설로의 송치**를 선고해야 한다. 이 판결은 자격정지에 그쳐야 하며, 자격상실을 가져와서는 안 된다. 그리고 형벌의 기간(판결에 명시되지 않는다)은 최단 1년, 최장 5년의 범위가 된다. 이 형벌은 독방 감금으로 시작된다. 행형 성적이 좋을 때는 단계적으로 사회로 복귀시키는 조치가 감시위원회에 의해 내려질 수 있다. 작업과 기초교육이 사회 적응 능력을 강화하는 수단으로 사용되어야 한다. 징계벌로서의 태형은 절대로 있어서는 안 된다. 매년 감시위원회는 충분히 개선된 구금자들의 석방을 관할 법원에 신청할 수 있다. 그리고 석방된 자는 그가 개선 시설에서 보낸 기간과 같은 기간에 걸쳐 경찰의 감시를 받는다. 어떠한 경우든 개선 시설에 수용된 지 5년이 지나면 석방해야 하고,[93] 석방자는 다시 5년 동안 경찰의 감시를 받는다.

이러한 개선 시설의 성과를 계속 유지하기 위해서는 공적 성격을 갖는 민간협회 — 이 협회는 국가의 감독을 받으며,[94] 국가로부터 재

---

93 이 상한선을 더 높이자는 제안에 대해 나는 어떠한 이의도 제기할 생각이 없다.
94 즉 교도소를 관장하는 담당 부처의 감독.

정 지원을 받는다[95] — 가 석방된 자들의 갱생보호를 맡아 돌봐주어야 할 것이다.

세 번째 그룹은 개선 불가능한 범죄자와 개선이 필요한 범죄자를 제외한 나머지 범죄자로서 보통 **기회범**이라고 부르는 범죄자들이다. 기회범의 범행은 일시적 현상에 지나지 않으며, 주로 외부의 영향에 의해 야기되는 탈선행위가 여기에 속한다. 이러한 자들에게는 탈선으로서의 가벌적 행위를 자주 반복할 위험이 아주 낮고, 따라서 체계적인 개선은 필요하지 않다. 이 경우 형벌은 위반 행위로 인해 손상된 법률의 권위를 다시 회복시켜 준다. 따라서 이때의 형벌은 **위하**일 수밖에 없다. 즉 위하는 어느 정도 알아들을 수 있을 만한 경고 또는 범죄자의 이기적 본능을 다시 생각해 보도록 '각성'시키는 역할을 한다. 형벌이 위하에 해당하는 범죄의 범위는 앞에서 살펴본 두 가지 범죄 유형 이외의 다른 모든 범죄를 포괄한다. 범죄통계에 비추어 범행의 상습성이 입증되지 않은 범죄는 모두 여기에 속한다. 이 그룹의 범죄에 대해서는 물론 여러 가지 단계적 구별이 따라야 하긴 하지만 기본적으로 우리 형법전에 규정된 형벌 위하를 그대로 적용하면 된다. 그리고 이러한 범죄에 대한 형벌은 자유형[96]으로 통일하는 것이 좋다. 자유형은 반드시 독방 감옥에서 집행될 필요가 없으며, 최소한의 형기(6주 이하여서는 안 된다)에서 최대한의 형기(10년 이상은 불필요하다) 사이에서 결정되어야 한다. 그리고 자격형의 병과는 각 사례에 비추

95 아무런 지시 감독도 받지 않는 순수한 사설협회는 내 생각으로는 유익하기보다 오히려 유해한 작용을 할 것 같다. 무계획한 지원은 차라리 없는 것보다 못하다. 물론 통설은 다르게 생각하고 있다.

96 나는 여기서든 또는 이 논문의 다른 곳에서든 '경범죄(Übertretungen)'는 고려하지 않는다.

어 결정하는 것이 가장 바람직하다. 자유형과 병과하는 벌금형 또는 자유형 대신에 부과하는 벌금형은 지금까지에 비해 훨씬 더 많이 이용할 수 있을 것이다. 그리고 개선 불가능한 자들이 제거되었다면 사형은 필요 없다고 본다.

3) 이러한 제안들은 대다수 문명국가에서 적용되는 형법의 기본원칙들을 파괴하지 않고서도 목적사상이 요구하는 형벌 척도의 원칙을 얼마든지 실현할 수 있다는 사실을 증명한다. 그리고 형벌 범위의 체계도 약간 변경되고 제한되기는 하지만, 원래의 체계를 완전히 뒤엎지는 않는다.[97] 나의 제안의 목표는 형벌 척도를 아예 없애버리자는 것이 아니며, 법관의 양형을 배제하자는 것도 아니다. 지금 당장 반드시 시도해야 할 것을 두 가지로 요약하면, **개선 불가능한 자의 무해화와 개선 가능한 자의 개선**이다. 나머지 문제는 이 원칙에 따라 자동으로 해결된다. 나는 바르가 이러한 제안에 대해 — 물론 이 제안은 아직도 불충분한 점이 많지만, 법률로 만들기에 충분할 정도로 구체적이다 — '불확실한 미래의 음악이 빚어낸 화음'이라고 빗대어 말할 것인지는 잘 모르겠다.[98] 그러나 나 자신은 그런 식으로 표현하더라도 반론을 제기하고 싶지 않다. 다만 나는 이 상징적 표현을 고수하고 싶다. 왜냐하면 법의 부정의 부정이라는 끝없는 멜로디로부터 우리를 구출해 단순 명료한 상태에 도달할 수 있게 만드는 음악의 주조는 바로 목

---

97 다만 가석방은 폐지되어야 할 것이다. 이 외국산 제도가 독일에서는 아직 정착하지 못하고 있는데, 하물며 결실을 바랄 수는 없는 노릇이다. 우리는 이 점을 별로 아쉬워하지도 않는다.

98 von Bar, *Handbuch*, I, S. 307. 나는 물론 『독일제국형법』에서 했던 설명이 상당히 불확실하다는 점을 인정한다. 이 짧은 교과서에서 개혁안을 전개할 수는 없었다. 그리고 나는 자유의지를 부정하는 하르트만(E. v. Hartmann)의 철학에 대답해야 할 책임을 조금도 느끼지 않는다.

적사상이기 때문이다.

Ⅵ. 목표점

우리는 목적사상의 주도하에 보호형의 형식과 그 척도를 획득하고자 시도하는 동안 응보형은 일단 제쳐 둘 수밖에 없었다. 이제 응보형으로 돌아가 보자. 범죄와 형벌 사이의 동가치성이라는 원칙은 전혀 근거가 없고 비례적 정의라는 이념은 전혀 쓸모가 없다는 점이 명백히 밝혀지긴 했지만, 그것만으로는 응보형이 근거가 없고 쓸모가 없다는 점이 증명된 것은 아니다. 이론과 실무에서 확인되는 응보형과는 다른 모습의 응보형을 생각할 수 있는가? 목적사상에 대해 기본적으로 적대적이지 않은 다른 모습의 응보형이 있는가?

나는 이 두 가지 물음에 대해 단호하게 "있다!"라고 대답하는 데 조금도 주저하지 않는다. **응보형**을 지탱할 수 있고 생산적으로 만들 수 있는 유일한 **형태**는 **보호형**이다. 내게 중요한 것은 응보형이라는 명칭이 아니다. 그러나 "범죄를 저질렀기 때문에 처벌한다"와 "범죄를 저지르지 않도록 처벌한다" 사이에 존재하는 대립은 완전히 공허하고 잘못된 대립이라는 점을 분명하게 인식해야 한다. 이 점은 **형벌의 원칙**과 관련해서든 **가벌적 불법이라는 개념**과 관련해서든 또는 **형벌의 내용과 범위**와 관련해서든 어느 경우든 마찬가지다. 형벌의 원칙과 관련해서는 내가 이미 증명을 했고, 가벌적 불법이라는 개념은 오늘날 지배적인 견해이며, 형벌의 내용과 범위는 쉽게 알 수 있다.[99] 범죄자에게는 그가 법질서에서 어떠한 가치가 있는지에 따라 **응보**가 이루어져야 한다. 범죄자의 법적 가치는 국가 생활을 규정하는 힘의 균형상태를 무너뜨렸다는 데 있다. 범죄자는 법질서를 뒤흔들어 놓는다. 그러므로 응보의 본질은 무너진 균형을 회복해 법질서를 다시 안정시키는 것이다. 이러한 의미에서 **보호형은 응보형이다**. 형벌의 본질에 대한 모든 절대설, 모든 형이상학적 사변들의 기본사상도 이것이라고 생각한다. 그런데도 의견이 갈리는 이유는 잘못된 추론 때문이다. 오로지 **구체적** 행위에 대해서만 응보한다고 말할 수 있고, 구체적 행위는 결코 행위자 개인과 분리할 수 없다. 물론 그 구체적 행위가 행위자의 삶에서 단지 일회적인 사건일 수도 있고, 행위자의 가장 내면적인 본성의 표출일 수도 있다. 하지만 어느 경우든 **범죄자**가 범하지 않았을 수도 있는 범죄란 존재하지 않는다. 법학의 치명적 오해가 가정하는 것처럼 행위와 행위자는 결코 대립된 것이 아니라, 행위는 반드시 **행위자의 행위**이다. 만일 범죄행위가 행위자의 행위가 아니라 강요된 것 또는 환각 상태에서 저질러진 것이거나 우연의 소산이라면, 책임귀속과 응보도 배제된다. 따라서 오로지 응보가 이루어져야 할 **구체적** 행위에 비추어서만 응보의 척도를 결정해야 한다. 앞에서 서술한 제안도 이러한 사상으로부터 출발한 것이다. 그러나 통설은 행위자를 배제한 채, 행위에 대해서만 형벌을 부과하는 것처럼 생각한다. 그러한 형벌은 범죄**개념**, 즉 입법과 학문이 구체적 행위로부터 만들어 낸 **추상화**에 따른 것이다.[100] 통설은 이 절도범, 이 살인범, 이 위증범, 이 뚜쟁이

---

99 이에 관해서는 Merkel, *ZStW* I, S. 594의 지적도 참고.

100 베르너의 이 잘못은 백일하에 드러나 있다. 그는 자주 비난을 받으면서도 의연히 형법교과서의 판을 거듭하면서 이 주장을 고수하고 있다.

가 마땅히 받아야 할 것이 무엇인가를 묻는 대신, 절도, 강간, 살인, 위증이 마땅히 받아야 할 것이 무엇인가를 묻는다. 이 물음은 우리의 물음과는 다르게 제기되고 있다. 따라서 그 대답도 다를 수밖에 없었다. 통설의 물음은 완전히 거꾸로 제기되어 있다. 특히 응보의 관점에서 보면 완전히 거꾸로 제기되고 있다. **처벌받는 것은 개념이 아니라 행위자이다.** 그러므로 응보로 부과되는 형벌의 정도 역시 개념이 아니라 행위자의 행위를 기준으로 삼을 수밖에 없다. 이것은 평범한 진리이다. 그런데도 이 평범한 진리가 오늘날까지도 여전히 이단으로 몰리고 있다.

보호형이란 결국 올바르게 이해된 응보형이다. "범죄를 저질렀기 때문에"와 "범죄를 저지르지 않도록" 사이의 대립은 착각의 산물이다.[101] 다시 말해 **진압과 예방은 결코 대립이 아니다.** 내가 물에 빠졌기 **때문에** 헤엄치는가, 아니면 익사하지 않기 **위해** 헤엄치는가? 내가 병이 들었기 **때문에** 약을 먹는가, 아니면 건강을 회복하기 **위해** 약을 먹는가? 우리는 이웃 나라에 전염병이 만연하기 **때문에** 국경선을 봉쇄하는가, 아니면 그 전염병에 걸리지 않기 **위해** 국경선을 봉쇄하는가? 나는 집이 무너질 위험이 있기 **때문에** 기둥을 받치는가, 아니면 집이 무너지지 않기 **위해** 받치는가? 이러한 모든 물음은 수천 년에 걸쳐 철학적 법이론에서 분쟁의 씨앗이었던 물음과 똑같은 가치를 갖고 있다.

형벌은 진압을 통한 예방이다. 또는 **예방을 통한 진압**이라고 말할 수도 있을 것이다. 이 말로 목적사상의 추종자들에게 **"왜 우리는 범죄가**

---

101 Jhering, *Der Zweck im Recht*, S. 25의 설명이 나의 주장과 단지 겉으로만 모순되게 보일 뿐이라는 점을 새삼스럽게 지적할 필요는 없을 것이다.

저질러지고 난 다음에만 처벌하는가?"라고 했던 빈딩[102]의 물음에 대답한 셈이다. 이것은 마치 이렇게 묻는 것과 똑같다. 왜 병에 걸린 그 사람만이 치료를 받아야 하는가? 왜 우리는 건강한 사람을 치료하지 않는가? 이 두 가지 물음은 모두 타당한 물음이다. 치료를 병을 극복하기 위한 의사의 활동이라고 한다면, 형벌은 범죄를 계기로 범죄자를 침해하는 국가 활동이다. 그렇다고 해서 질병이나 범죄를 예방하지 않는다는 뜻이 아니다. 빈딩은 "형벌 대신에 학교 제도나 경찰 제도를 개선하는 것이 더 낫지 않겠는가?"라고 묻는다. 당연히 그렇다! 완벽한 보건 행정을 통해 모든 질병을 막을 수 있게만 된다면 우리는 의사를 필요로 하지 않을 것이다. 하지만 그러한 황금시대는 아직 요원하다. 그렇다면 그때까지는 아무리 좋은 학교와 아무리 훌륭한 경찰이 있다 할지라도 범죄를 완전히 뿌리 뽑을 수는 없을 것이다. 빈딩은 "자신의 행위를 통해 사회의 불안정성을 폭로한 범죄자에게 사회는 왜 감사하지 않는가?"라고 묻는다. 증세를 치료하는 요법이 열이 더 오르도록 열을 애지중지하는 것이 아니라, 열이 내리도록 치료하는 것과 똑같은 이유에서다. 빈딩은 "한 인간으로서의 범죄자가 타인을 위한 단순한 실험의 대상으로 전락하는 것을 어떻게 정당화할 것인가?"라고 묻는다. 우리는 한 인간으로서의 천연두 환자를 전염을 피하기 위해 병원에 입원시키더라도 누구도 그것을 인간의 존엄을 말살하는 일로 여기지 않는다는 점을 지적하고 싶다. 더욱이 우리의 목적사상에 따른 형벌의 경우에는 그러한 지적조차 필요하지 않다. 왜냐하면 우리는 형벌의 본질과 정당화를 형벌의 반사작용의 측면에서 파악하지 않기 때문

---

102 앞의 38면 이하 참고.

이다.[103] 따라서 이러한 실험이 대부분 성공하지 못한 상태로 끝난다는 지적도 필요하지 않다. 왜냐하면 아무리 조심할지라도 '대다수 경우에' 전염병이 퍼져나가는 것을 막을 수 없기 때문이다. 물론 그렇다고 해서 모든 사전 예방조치들이 빨리 포기될수록 더 좋다는 결론이 도출되는 것은 아니다. 빈딩은 끝으로 다음과 같이 지적한다.

> 상대설은 결국 다음과 같은 명제에 도달할 것이 틀림없다. 즉 형벌권을 가져야 할 것은 국가가 아니고 국경과 관계없이 위협받는 사회 계층이다. 그러나 현실은 그 반대임을 알려주고 있다.

나로서는 이 문장이 정확히 무슨 뜻인지 이해할 수 없다. 범죄가 **국가** 법질서의 파괴이고, 형벌이 **국가** 법질서의 보호라면, 사회 계층이 형벌권을 소유할 수는 없는 노릇이고 오로지 **국가**만이 형벌권을 가질 수 있다. 이는 보호형 이론의 필연적 '결론'이다. 물론 특정한 사회 계층도 자신들의 **특수** 이익을 보호하기 위해 국가가 승인하거나 위임한 형벌권의 주체가 될 수 있다.[104] 하지만 우리가 이러한 특수한 형태의 형벌권에 대해 언급한 것은 아니고, 지금도 그러한 형벌권에 대해 언급하고 있는 것이 아니다.

이러한 '물음들'을 내세워 빈딩은 상대설에 대해 저주에 가까운 비판을 가하고 있지만, 그 "근거가 희박하기 때문에" 얼마든지 반박할 수 있다. 절대설이 더 강력한 무기를 갖고 있지 못한 처지라면 차라리

---

103 앞의 84면 이하 참고.
104 이에 관해서는 v. Liszt, "Ordnungstrafe", in: v. Holtzendorff, *Rechtslexikon*, 3. Aufl. 참고.

방어에 집중하는 것이 더 현명할 것이다.

그러나 나의 논문의 주요 목적은 형법의 목적사상이 옳다고 편들고자 하는 것이 아니라, **적대자들도 얼마든지 동의할 수 있고 서로 이해할 수 있는 관점**을 제시하려는 데 있다. 그 기치는 혁명이 아니라 개혁이다. 이러한 개혁을 위해 우리는 모두 함께 손을 맞잡고 일해야 하고, 함께 일할 수 있다. 이미 몇십 년 전부터 형법학의 가장 중요한 대표자들은 구체적인 삶으로부터 멀어져 버렸다. 형법학은 아무런 성과도 없는 논쟁에 휘말려 힘을 탕진해 버렸다. 형법학은 순전히 추상적 사유 작업에만 얽매여 바깥세상에서 무엇이 일어나고 있는지를 감지하지 못하고 있다. 그런데도 형법학은 이전과 마찬가지로 지배의 고삐를 손에 쥐고 있다고 믿고 있다. 그러나 삶이 그런 고삐에 전혀 신경을 쓰지 않게 된 지 이미 오래다. 물론 우리는 개념적 추상화를 심화하는 작업을 포기해서는 안 된다. 그러나 교조주의는 반드시 버려야 한다.

범죄를 사회적, 윤리적 현상으로 연구하고 형벌을 사회적 기능으로 연구하는 것에 대해 우리 형법학은 마땅히 관심을 기울여야 한다. 범죄인류학, 범죄심리학, 범죄통계학 등이 형법학과 어느 정도 거리를 두고 있는 **개별 학문분과**가 되어버린 현상은 형법학의 대표자들이 얼마나 큰 잘못을 저질렀는지를 증명한다. 물론 이 학문분과들이 지금까지 별다른 성과를 보이지 못한 탓이기도 하다. 성공적인 범죄 투쟁은 이 학문분과들과 형법학이 **함께 협력**할 때야 비로소 가능하다. 그리고 이 투쟁의 주도권이 우리 형법학의 손으로 돌아와야 마땅하다. 형법학은 이 주도권을 포기할 수도 없고, 포기해서도 안 된다. 만일 이 주도권을 포기한다면 형법학은 자기 자신을 포기하는 것이 된다. 바로 그 때문에 형법학은 앞에서 말한 학문분과들에 무관심해서도 안 되며 무관심할 수도 없다. 형법 이론가든, 형사실무가든, 교수나 법관이나 검사 또는 경찰관이든 누구나 이러한 방향으로 나아가야 할 자신들의 과제를 감당하기에 충분한 역량을 갖추고 있는지, 혹시 폭넓은 이론적 및 실천적 사전 교육이 불가피한 것은 아닌지, 제기된 과제와 과제를 해결하는 데 필수적인 지식이 근본적으로 다르기 때문에 — 사법업무와 행정 업무를 분리하는 것과 비슷하게 — 형사사법과 민사사법을 완전히 분리하는 것이 시급하게 요구되는지 등의 문제는 내가 여기에서 결정을 내릴 문제들이 아니다. 다만 나로서는 형법학, 형사입법, 형사사법이 구체적인 삶에 관한 자신들의 중대한 과제를 지금까지 전혀 이행하고 있지 않다는 점만은 의심할 여지가 없다. 이러한 사실을 인식한다면 개혁의 길은 이미 어느 정도 예정된 셈이다. 우리 형법전의 개정은 불가피하며, 행형법의 제정도 불가피하다. 이러한 개혁이 아무런 준비과정도 없이 단행되지 않기를 희망할 따름이다.

부록

사회학적, 인류학적 연구가 형법의 기초개념에 미치는 영향*

Ⅰ. 국제형사학협회(Internationale kriminalistische Vereinigung: I.K.V) 집행위원회가 파리에서 개최 예정인 제4차 총회에서 토의할 주제 선정에 관해 심의하면서 위원회 구성원들은 이 심의가 곧 국제형사학협회의 **전체 연구프로그램**을 확정하는 문제와 직결된다는 사실을 분명히 의식하고 있었다. 우리 학회는 형법학이 새롭게 변모할 수 있도록 해준 '범죄인류학적 연구와 범죄사회학적 연구'의 신선한 자극에 힘입어 발족한 학회이다. 그리고 이 학회의 유일한 존재 이유 역시 이 자극을 비판적으로 수용하고, 이를 통해 범죄인류학과 범죄사회학 연구에 기초한 새로운 형태의 형사입법(여기서 형사입법은 매우 넓은 의미로 이해한다)을 학문적으로 준비하고, 이러한 형사입법이 실현되기 위한 발판을 마련하고자 한다.

학회가 발족한 지 여러 해가 지났고 수많은 구체적이고 현실적인 문제들에 관한 지칠 줄 모르는 심의를 거친 이후에야 비로소 새로운

---

* "Ueber den Einfluss der soziologischen und anthropologischen Forschungen auf die Grundbegriffe des Strafrechts(1893)". 원문은 1893년 국제형사학협회 세미나 발제문으로 학회지 제6권에 처음 실렸다. 번역문은 Franz von Liszt, *Strafrechtliche Aufsätze und Vorträge*, Bd. 2(1905), S. 75-93을 토대로 삼았고, 명백한 오기 또는 오타는 바로잡아 번역했음을 밝힌다.

이론적 연구가 형법의 기초개념에 미칠 영향이 무엇인지를 일반적이고 원칙적인 형태로 제기해 논의 대상으로 삼는 일은 어쩌면 의아하게 여겨질 수 있고, 심지어 우려할 만한 일로 여겨질 수도 있다.

그렇지만 사정을 좀 더 들여다보면, 이러한 일반적인 문제를 제기하는 것, 특히 비교적 뒤늦게 이 문제를 제기한 것은 조금도 우려할 일이 아니고 그 자체 타당하고 목적에 부합하는 일일 뿐만 아니라 필연적으로 그럴 수밖에 없다는 사실을 곧장 알 수 있다.

우리 국제형사학협회가 지금까지 심의한 문제들은 — 이렇게 말해도 되는지 모르겠지만 — 얼마든지 중립적인 토대 위에서 논의하고 결정할 수 있었던 문제들이었다. 즉 단기자유형과 그 대체수단, 조건부 유죄판결, 벌금형의 개편, 감금 없는 징역, 소년범 및 누범에 대한 처우, 피해자에 대한 고려 등등의 문제는 당연히 형벌의 본질과 과제에 대한 원칙적인 관점의 영향을 어느 정도 받았다고 할 수 있지만, 이 원칙적인 관점들이 다양한 시각을 지닌 학회원들의 공동작업을 방해할 정도로 결정적인 의미를 지니지는 않았다.

입법의 개별적인 문제와 관련된 실천적 영역에서 합의에 도달하려는 노력은 전반적으로 성공을 거두었다. 국제형사학협회는 학회의 프로그램에 충실하게 이러한 노력을 앞으로도 계속 경주할 것이다. 즉 사전에 확립된 견해나 교조주의를 완전히 배제한 상태에서 사후에 제기된 중대한 반론을 진지하게 고려해 이미 도달한 결론을 다시 비판적으로 심사하고, 필요하다면 기존의 결론을 수정하는 과정을 거칠 것이다. 이 점에서 학회의 총회 및 각 회원국의 지부에서 제기되는 다양한 형태의 자극은 지금까지 그래왔듯이 앞으로도 우리의 작업에 이루 말할 수 없을 정도로 소중한 가치가 있다.

하지만 지난 세월은 우리 학회가 **토대**로 삼는 기본원칙 자체를 더욱 정확히 규정하는 시간이기도 했다. 작년 1892년에 브뤼셀에서 개최된 범죄인류학자 학회에서도 그랬지만 **고전적인 형법학파와 범죄인류학 또는 범죄사회학 학파**(이 두 개념은 많은 경우 같은 의미로 사용된다) 사이의 **근원적 대립**은 지속적인 강조 대상이었다. 그러나 과연 양자 사이에 대립이 존재하는 것일까? 만일 존재한다면 어떠한 점에서 대립이 존재하는 것일까? 그리고 이 두 경향 사이의 대립에서 국제형사학협회는 어느 쪽에 속하는 것일까? 우리 학회의 견해가 형사입법에 대해 요구하는 영향력은 어디에서 시작해 어디에서 끝나는 것일까?

이는 명확하게 대답해야 할 매우 중요한 문제이다. 나는 우리가 지금 시점에서 이 문제에 대해 명확한 대답을 할 수는 없다고 생각한다. 무엇보다 우리 국제형사학협회는 어떤 교조적 파벌이 아니라 공동으로 작업하는 전문가들이 모인 단체일 뿐이고, 학파의 기치로 내걸 정도로 확정된 공식을 갖고 있지 않으며 모든 의문을 해결하기에 충분할 정도로 완결된 규칙을 갖고 있지도 않다. 그보다는 학회 회원들의 다양한 견해들을 상호 수정과 창조적 재구성 과정을 거쳐 더욱 명확하게 밝힘으로써 차츰차츰 학문적 기본사상에 관한 합의에 도달하기 위해 회원들 상호 간의 솔직하고 반복적인 토론이 필요한 상황이다. 바로 그 때문에 — 이미 명백히 강조한 것처럼 — 지금 시점에서는 '제기된 문제에 대한 일반적이고 예비적인 논의'만이 중요할 따름이다. 물론 제기된 문제에 대답하려고 노력해야 하고, 이 노력은 성공을 거둘 때까지 반복해야 한다. 장기적으로 볼 때 구체적인 현실적 문제와 관련된 공동작업 역시 이 공동작업에 참여하는 회원들이 똑같은 학문적 기본사상에서 출발하거나 최소한 각자의 견해에서 드러난 차이점을 뚜렷이 의식한다는 전제하에서만 성공할 수 있기 때문이다.

Ⅱ. 우리의 첫 번째 물음에 대한 대답(물론 이미 밝힌 이유에서 대답은 잠정적일 수밖에 없다)을 펼치기 전에 먼저 내가 사용하는 용어들의 의미를 분명히 밝힐 필요가 있다.

나는 **형법**이란 구성요건으로서의 범죄에 법적 결과(법률효과)로서의 형벌을 연결하는 법적 규칙의 총체라고 이해한다. 따라서 이른바 **형법학**의 과제는 이러한 법적 규칙들을 체계적으로 구성하고 발전시키는 것이다. 이 점에서 법적 명제는 형법학의 대상이고, 논리는 형법학의 방법이다. 만일 학문이라는 개념을 감각으로 지각된 현상들의 법칙적 연관성에 관한 탐구라고 주장한다면, 이른바 형법학은 법학 자체와 마찬가지로 결코 학문의 개념에 속하지 **않는다**. 적어도 이 점에 관한 한 나는 존경하는 친구인 고끌레르의 견해(보고서 Ⅳ 119)에 전적으로 동의한다. 그 때문에 형법학을 예술(정의와 형평의 예술ars aequi ac boni) 또는 전문적 기술이라고 불러야 할지도 모른다. 하지만 내게 정작 중요한 것은 학문이라는 명칭이 아니라 이론적 법학의 과제가 개념들의 논리적 연결에만 한정된다는 사실이다.

나는 **범죄사회학**(Kriminal-Soziologie)을 감각적으로 지각된 현상으로서의 범죄를 그 원인과 결과에 비추어 학문적으로 탐구하는 것이라고 이해한다. 즉 범죄라는 현상을 규정하는 법칙을 탐구하는 것이 곧 범죄사회학이다. 이런 의미에서 범죄사회학이라는 표현은 이른바 범죄인류학(Kriminal-Anthropologie)까지 포함한다(이 점을 여기서 자세히 서술할 필요는 없을 것이다).[1] 양자의 관계는 우리의 물음을 다루는 맥락에서 벗어나기 때문에 범죄인류학에 관해서는 더 이상 언급하지 않겠다. 어쨌든 범죄사회학이 엄밀한 의미의 학문이고, 더욱이 사회학의 한 분과라는 점에 대해서는 의문의 여지가 없다. 그리고 범죄사회학이 모든 진정한 학문에 공통된 방법, 즉 주어진 경험적 사실에 대한 중립적이고 방법에 충실한 관찰 이외의 다른 어떠한 방법도 사용할 수 없다는 점 역시 의문의 여지가 없다.

이로써 학문으로서의 사회학과 예술 또는 기술로서의 법학 사이에는 어떤 실질적 대립이 존재하지 않는다는 점이 분명해졌다. 양자는 대상과 방법에 비추어 볼 때 완전히 다르기 때문이다.

하지만 이 지점에서 한 가지 사실을 미리 언급해야 할 필요가 있다. 즉 범죄에 관한 학문적 탐구만으로 문제가 끝나지 않는다는 점이다. 우리는 **범죄에 맞서 투쟁**하고자 하기 때문이다. 적어도 이 점에 관한 한 우리 학회에서 어떠한 이견도 없을 것이다. 이로부터 (이탈리아의 학자들이 경시해 온) **형사정책**(Kriminal-Politik)이라는 개념이 탄생한다. 형사정책은 법질서가 범죄에 맞서 투쟁하기 위한 원칙(여기서 원칙은 목적-수단 관계에 관한 합리적 계산이라는 의미로 이해해야 한다)들을 체계화하는 작업이다. 따라서 형사정책은 범죄사회학의 도움을 받는다. 범죄를 특정한 법칙에 구속되는 현상으로 인식하지 않고서는 범죄에

1 페리(Ferri)도 나와 마찬가지로 범죄사회학(sociologica criminale)을 범죄인류학을 포함하는 넓은 의미로 이해한다.

맞서 투쟁할 수 없기 때문이다. 이처럼 형사정책이 사회학적인 토대를 갖고 있다는 점에서 그리고 바로 그 점에서만 형사정책은 엄격한 의미의 학문에 해당한다. 그렇지만 형사정책은 사회학의 범주를 넘어서는 것이거나 적어도 사회학과는 다른 분과이다. 형사정책에서 학문적 인식은 범죄 투쟁이라는 실천적 목적을 위한 수단일 뿐이기 때문이다. 따라서 굳이 구별한다면 형사정책은 응용학문이다.

우리 학회의 작업이 담당해야 할 본래 과제가 바로 형사정책이다. 학회 명칭에는 이 점이 드러나 있지 않은데, 그 이유는 단지 우리 학회가 추구하는 이러한 영역을 지칭하는 보편적이면서도 잘 알려진 표현이 없기 때문일 따름이다. 최근 들어 여러 나라 언어에서 일반적으로 사용되는 '범죄학'이라는 표현 역시 우리 학회의 목표에 부합하지 않는다. 즉 이 표현은 학문적 토대를 지칭할 뿐, 범죄 투쟁이라는 본질적 측면을 지칭하지 않는다.

이제 나는 우리의 물음이 지닌 의미를 더욱 정확하게 확정할 수 있게 되었다. 즉 범죄의 법칙성을 학문적으로 인식하고, 이 인식을 토대로 확고한 규칙에 따라 범죄에 맞서 투쟁해야 할 필요성에 대해서는 국제형사학협회 회원 모두 확신하고 있기 때문에 이제 중요한 물음은 다음과 같은 것이다. "우리 학회가 표방하는 이러한 형사정책적 기본 관점이 형법의 법학적 기초개념에 어떠한 영향을 미치는가?" 이 물음은 아마도 이렇게 표현할 수도 있을 것이다. 즉 국제형사학협회는 형사입법에 대해 무엇을 요구하는가?

Ⅲ. 우선 곧바로 떠오르는 불안감을 불식시켜야 한다. 이 불안감은

다음과 같은 의문에 기인한다. 즉 과연 법률가의 예술 또는 기술이 여전히 필요한 것일까? 다시 말해 우리가 형법이라고 부르는, 얽히고설킨 개념들로 짜인 구식 건물을 앞으로도 계속 미신적인 경외감으로 바라보면서, 그것이 무너지지 않아야 한다는 절박한 심정으로 지켜내야만 하는 것일까? 형사정책이라는 반듯한 새집을 지을 자리를 마련하기 위해 이제는 용기를 내어 허물어져 가는 낡은 벽을 부숴버려야만 하는 것이 아닐까? 만일 "공동체를 위협하는 위험한 사람은 전체 사회의 이익에 맞게 필요한 기간만큼 무해하게 만들어야 한다"라는 하나의 조문만으로 우리 형법전 전체를 과감하게 대체해 버린다면, 교과서와 참고서 무더기, 주석서와 단행본들 그리고 쟁점이 되는 사례와 판례의 산더미를 한 번에 정리해 버릴 수 있을지도 모른다. 그리하여 법률가의 시대는 가고 이제 '사회위생사(sozialer Hygieniker)'의 시대가 올 수도 있지 않을까? 그렇게 되면 '고전적 범죄학파'가 만든 형식적 범죄의 모든 잡동사니가 없이도 개별 사례에서 전체 사회에 유용한 결정을 내리는 데 아무런 문제가 없을 것이다.

과연 그렇게 될까? 그리고 그렇게 되어야만 할까?

이 물음에 대답하는 일은 내게 매우 중요한 의미가 있다. 이 물음에 명확하게 대답한 이후에야 비로소 앞으로 나갈 수 있기 때문이다. 나는 아직 이 물음에 대한 명확한 대답을 접한 적이 없다. 지난번 브뤼셀 학회에서 나는 내 개인적 견해를 분명하게 밝혔다. 하지만 내 견해가 온전히 이해되지는 않았다는 걱정이 앞선다. 따라서 이 기회를 빌려 왜 사회학적인 형사정책 이외에도 법학적인 형법학파가 미래에도 계속 존재할 것이고 존재해야만 하는지를 다시 한번 강조하고자 한다.

내 생각에는—역설적으로 들릴지 모르지만—**형법전은 범죄자의 마그나 카르타이다**(Das Strafgesetzbuch ist die magna charta des Verbrechers). 형법전은 법질서를 보호하거나 사회 전체를 보호하는 것이 아니라 형법을 어긴 사람을 보호한다. 즉 형법전은 오로지 법률에 규정된 전제조건이 충족될 때만 그리고 법률에 정해진 한계 내에서만 처벌될 수 있다는 의미에서 범죄자에게 권리를 보장한다. "법률 없으면 범죄 없고, 법률 없으면 형벌 없다(nullum crimen sine lege, nulla poena sine lege)"라는 두 명제는 국가의 절대권력, 무자비한 다수의 권력, '리바이어던'에 맞서 시민을 보호하는 최후의 보루이다. 이 맥락에서 나는 수년 전부터 형법을 **법으로 제한된** 국가 형벌권이라고 표현한다. 이제는 다음과 같이 말할 수도 있다. 즉 **형법은 형사정책이 뛰어넘을 수 없는 한계**(Das Strafrecht ist die unübersteigbare Schranke der Kriminalpolitik)이다. 이러한 의미의 형법은 오늘날과 마찬가지로 앞으로도 계속 남아 있을 것이고 또한 남아 있어야만 한다.

이로써 우리가 다루고자 하는 물음을 형사**정책적** 전개 양상이라는 더 넓은 맥락에 비추어 제기한 셈이다. 형법을 통해 우리는 전체 사회의 이익에 맞서 개인의 자유를 방어한다. 즉 그저 막연히 '공동체를 위협하는' 자가 아니라 오로지 법률에 정확하게 '공동체를 위협하는' 행위로 표현된 특정한 행위를 저지른 자만이 국가권력의 손아귀에 붙잡힌다. 바로 이 점이 "법률 없으면 **범죄** 없다"라는 명제의 의미이다. 그리고 법률에 명확히 규정된 행위를 저질러 국가권력의 손아귀에 붙잡힌 자일지라도 아무런 권리도 없고 어떠한 보호도 받지 못하는 무방비 상태에 빠지는 것이 아니다. 범죄자에게 가해질 해악 역시 법률로 명확하게 규정되기 때문이다. 바로 이 점이 "법률 없으면 형벌 없다"라는 명제의 의미이다. 그러므로 미래의 형사정책가들에게도 두 가지 개념, 즉 범죄와 형벌이라는 개념은 계속 불가침의 대상으로 남아 있을 것이다.

그리고 이 두 개념이 계속 유지되는 이상 법률가들은 기존의 방식대로 작업해야 한다. 즉 법학자인 법률가는 국가가 제시한 법적 규칙들을 논리적 방법에 따라 종합하고 분석해 하나의 완결된 체계적 구조로 만들어 학생들에게 전수해야 한다. 그리고 법실무가인 법률가는 이 법적 규칙을 개별 사례에 적용해야 하고, 개별 범죄구성요건에 법률효과로서의 형벌을 연결해야만 한다. 이러한 작업은 법률가들이 지금까지 해왔던 작업이고 앞으로도 계속하게 될 작업이다. 따라서 형사정책 및 형사정책의 사회학적 토대가 어떤 식으로 전개되든 법률가의 이러한 작업 자체에는 아무런 변화도 유발되지 않는다.

혹시 내가 시대의 흐름에 대해 착각하는 것은 아닐까? 전체의 이익보다는 일차적으로 개인의 이익을 강조하는 자유주의적 개인주의, 계몽주의의 정신 그리고 이로부터 촉발된 위대한 프랑스혁명은 우리에게 국가 형벌권에 대한 엄격한 제한이라는 결실을 가져다주었다. 하지만 이 결실만으로 지금 밀물처럼 밀려드는 사회주의적인 경향에 맞설 수 있는 것일까?

나는 이 경향을 환영한다. 이 경향이 심지어 형법전과 형법전을 해석하고 적용하는 사람들까지 휩쓸어버릴지라도 나는 이 경향 자체를 환영할 것이다. 하지만 이 경향이 그와 같은 지경까지 이르지는 않으리라 확신한다. 오늘날 사회주의국가에서도 우리 법질서에서와 마찬가지로 형벌은 필수 불가결하다. 물론 범죄를 바라보는 전반적인 관점은 서로 다를지 모른다. 하지만 사회주의국가는 우리보다 전체의 이익을 훨씬 더 강조하고, 사회주의 법질서에 저항하는 개인을 우리보다 더욱 강력하게, 더욱 뚜렷한 목적의식을 갖고 더욱 냉철하게 취급해야만 한다는 사실 때문에도 개인이 전체의 손아귀에 붙잡히는 전제조건을 더욱더 정확하게 확정해야만 하고, 개인의 권리보호가 무시되어도 좋은 한계를 더욱더 정확하게 규정해야만 한다. 이 점에서 우리의 법적 생활을 둘러싼 모든 변화에도 불구하고 **범죄**와 **형벌**이라는 개념은 필수 불가결한 개념으로 남아 있게 될 것이고, 이 개념과 함께 형법도 필수 불가결한 법으로 남아 있게 될 것이다.

내가 얼마든지 착각하고 있을 수도 있지만, 그렇지는 않다고 믿는다. 내가 접한 사회주의 문헌 가운데 형법전 자체를 아예 없애버리자고 요구를 제기한 문헌은 없다. 설령 '인민'이 직접 법을 제정하고 적용하게 되어 법률가라는 직업 자체가 사라진다고 할지라도, 법 자체는 계속 남아 있을 수밖에 없고, 법의 적용 역시 법학적 활동, 즉 논리적 활동 이외의 다른 활동이 될 수 없다.

Ⅳ. 그렇지만 새로운 형사정책적 견해가 승리한다면 '형법의 법학적 기초개념'을 변경하는 방향으로 강력한 영향을 미칠 것이다. 내가 생각하는 형사정책은 그 원인과 결과가 학문적으로(다시 말해 법칙적으로) 파악된 범죄에 맞선 체계적인 투쟁을 뜻하기 때문에 형사정책 그리고 이 형사정책의 **한계인 형법**은 범죄사회학에서 이루어지는 모든 진보로부터 영향을 받지 않을 수 없다. 형사정책은 언제나 학문적

발전의 흐름 속에 있을 것이고 또한 이 흐름 속에 있어야 한다. 바로 이 점이 형사정책이 발산하는 영원한 매력이다.

따라서 형법의 기초개념, 즉 '범죄'와 '형벌'이라는 두 개념이 범죄에 대한 우리의 사회학적 고찰과 견해로 인해 커다란 **학문적** 변화를 겪었다는 사실은 조금도 놀라운 일이 아니고 피할 수도 없는 일이었다. 그렇지만 인류의 가장 어두운 시대였던 선사시대에 생겨난 이 두 개념의 내용이 갑작스럽게 변화한 것은 아니다. 우리는 우리의 조상들에게 익숙했던 사고에 연결되어 있고, 우리의 견해와 우리의 노력은 먼 과거의 문화적 토대 위에 서 있다.

새로운 형사정책 이론은 필연적이고 직접적으로 형벌의 **목적사상**을 더욱 뚜렷하게 강조하는 결과를 낳는다. 즉 범죄자의 인격에 비추어, 다시 말해 범죄자의 행위를 규정했던 개인적 동기에 비추어 범죄에 맞서 투쟁함으로써 법질서를 **보호**[2]하는 것이 바로 형벌의 과제라고 여기게 되었다.

그러나 새로운 사회정책적 견해는 일반인이나 전문가들이 흔히 생각하는 것과는 달리 형벌의 **효과가 상당히 제한적**이라는 인식에 도달하게 된다.

물론 범죄의 원인을 탐구해보면 일단 두 가지 그룹의 요인들이 있음을 알게 된다. 한 그룹은 행위자를 둘러싼 사회적 상태(사회적 환경)이고, 다른 한 그룹은 행위자의 심리적-생리학적 특성이다. 그렇지만 자세히 고찰해보면 이 두 가지 그룹의 요인들이 똑같은 비중으로 타

---

2 'tutela giuridica(권리보호)'와 'difesa sociale(사회방위)'를 대립적으로 파악하는 흔한 견해는 이론적으로든 실천적으로 아무 가치가 없다.

당성을 갖는다는 선입견은 옳지 않다는 사실이 밝혀진다(나는 이 점이 매우 중요하다고 생각한다). 왜냐하면 범죄자의 생물학적 특성도 사회적 상태에 의해 규정되기 때문이다. 사회적 상태는 1) 행위자의 부모에게 영향을 미치고, 2) 행위자가 태어났을 때부터 영향을 미치며, 3) 행위자가 행위를 했던 순간에도 영향을 미친다.[3] 따라서 범죄 투쟁은 일차적으로 형벌을 통해서가 아니라 **사회적 상태**에 영향을 미침으로써 이루어져야 한다. 다시 말해 범죄 투쟁은 먼저 **사회정책적**인 영역에서 이루어져야 한다. 형벌은 범죄 투쟁의 유일한 수단이 아니며, 가장 효과적인 수단은 더욱더 아니다. 즉 **범죄를 단지 사후적으로 억압하는 것 이외에, 억압보다 훨씬 더 효율적인 예방이 추가된다**. 이 점에서 새로운 이론적 경향이 지닌 뚜렷한 특징들 가운데 하나는 범죄 예방 조치의 지위가 격상되었다는 사실이다.

이와 함께 **범죄**의 개념 역시 변화를 겪는다. 물론 범죄개념의 변화가 미치는 실천적 영향은 형벌의 변화보다는 높지 않다. 하지만 학문적 관점에서는 형벌개념의 변화가 더 강렬하고 더 흥미롭다.

사회학자들에게 허용되는 유일한 학문적 고찰인 자연과학적 고찰은 필연적으로 **결정론**(Determinismus)에 도달하지 않을 수 없다.

여기서 이 문제에 관한 나의 입장을 간략히 밝히겠다.

나는 예나 지금이나 '인과법칙'이 인식의 절대적 형식이라고 믿는다. 즉 어떠한 원인도 어떠한 결과도 없는 외부세계의 변화는 우리의 사고 법칙에 모순될 것이고, 이 모순으로 인해 우리의 사고 자체와 우리의 모든 인식, 모든 경험, 모든 학문이 불가능하게 되고 말 것이다.

---

3 이에 관해서는 1892년 브뤼셀에서 열린 범죄인류학회에 제출한 나의 소견서 참고.

따라서 인간의 모든 행위 역시 **우리의 인식**(Erkennen)에서는 감각으로 지각되는 어떤 사건을 원인으로 삼고 있고, 이 사건은 다시 어떤 다른 사건의 결과로 야기된다. 바로 이 점이 결정론이 주장하는 내용 전부이고, 결정론은 이 점을 어떠한 조건과 어떠한 제한도 없이 절대적으로 고수해야 한다.

하지만 다음과 같은 점에 주의해야 한다. 즉 오로지 **우리의 인식**에서만 원인 없는 결과는 없고 결과 없는 원인은 없다는 사실이다.

그러므로 우리의 인식과는 **무관한** 것에 대해서는 인과법칙이 아무 말도 할 수 없고 해서도 안 된다. 우리의 인식은 시간과 공간의 한계 안에서 움직인다. 따라서 시간과 공간의 한계를 초월해 인과연쇄가 존재한다는 가정은 이러한 인과연쇄를 부정하는 것과 마찬가지로 인식의 한계를 뛰어넘게 된다. 즉 우리의 인식으로 파악할 수 있는 현상의 세계에서만 인과법칙이 적용된다. 이 세계를 넘어선 곳에서 믿음의 영역이 시작된다. 이 점에서 인과법칙의 절대적 타당성은 신이 세계를 창조했다는 믿음과 모순되지 않는다. 모든 피조물이 언젠가 신의 품으로 되돌아갈 것이라는 믿음과도 당연히 모순되지 않는다. 다만 학문, 즉 특정한 구조를 지닌 인간의 인식만이 최초의 원인과 최후의 결과를 알지 못할 뿐이다.

이에 반해 법에서는 현상 세계만이 고찰 대상이다. 오로지 '경험적' 인간만이 형사법관 앞에 설 수 있고, 오로지 경험적 인간만이 유죄판결을 받거나 징역 또는 사형에 처해질 수 있다. 경험적 인간은 결코 인간의 '예지적(intelligible)' 성격을 뜻하지 않는다. 이 예지적 성격이 유한한지 불멸인지, 자유인지 부자유인지는 우리가 **알지** 못하고 또

알 수도 없으며, 그저 양쪽 가운데 어느 하나를 더 확실하게 믿느냐의 문제일 따름이다. 그러므로 인식의 한계를 뛰어넘는 결정론은 이와 반대되는 견해 못지않게 비학문적이다.

우리가 피고인 또는 유죄판결을 받은 자로 마주치는 범죄자는 **우리 인간의 인식에서는** 절대적으로 **부자유한 인간**이다. 즉 그가 저지른 범죄는 주어진 조건에 따른 필연적이고 불가피한 결과이다. 따라서 형법에서는 결정론 이외의 다른 토대는 존재하지 않는다. 자주 발생하는 오해를 피하기 위해 다음과 같은 점을 다시 한번 분명히 강조한다. 즉 여기서 말하는 결정론은 하나의 세계관으로서의 결정론이 아니라 인과법칙이 우리의 사고와 관련해, 다시 말해 현상 세계와 관련해 절대적 타당성을 갖는다고 주장하는 결정론일 따름이다.

독일의 '**고전학파**'를 대표하는 탁월한 학자들도 이미 오래전에 형법이 **오로지** 결정론의 토대 위에서만 구성될 수 있다는 견해에 도달했다.[4]

이러한 (결정론적) 관점으로부터 이제 우리는 유책성(Verantwortlichkeit)을 포함해 범죄의 주관적 측면 전체와 관련해 과거와는 완전히 다르고 학문적으로 명확하며 실천적으로도 유용한 견해에 도달하게 된다. 즉 이러한 관점에서 볼 때 귀속능력(Zurechnungsfähigkeit)은 단지 동기를 통해 행위가 규정될 정상적 가능성, 다시 말해 형벌위협과 형벌집행이 목적으로 삼는 동기 형성을 수용할 가능성일 따름이다. 이 점에서 귀속능력이란 그저 정신적으로 성숙하고 정

---

4 이에 관해서는 v. Liszt, "Die deterministischen Gegner der Zweckstrafe", in: *ZStW* XIII(1893), S. 325 이하 참고.

신적으로 건강한 인간의 정상적 상태일 따름이다.[5] 따라서 귀속능력이 있는 자, 다시 말해 정상적인 평균인은 **형벌**의 대상이고, 동기부여에 비정상적으로 반응하는 자 — 예컨대 정신적으로 아직 성숙하지 못했거나 정신적으로 건강하지 않은 자 또는 여타의 이유에서 비정상적인 상태에 있는 자 — 는 형벌과는 **다른 보호처분**의 대상이다.

그리하여 형벌은 소년범을 위한 교육 및 교화시설, 정신질환을 앓고 있는 범죄자나 범죄적인 정신병자를 위한 특별한 수용시설, 공동체를 위협하는 알코올 중독자를 위한 치료시설 등과는 뚜렷이 구별되는 독특하고 고유한 지위를 갖는다.

물론 결정론의 관점에서는 귀속능력이 있는 자든 귀속능력이 없는 자든 관계없이 고전학파가 신봉하고 자유의지와 불가분의 관계에 있는 **책임**(Schuld)**개념**을 적용할 수 없고, 이에 따라 **응보**(Vergeltung)**개념**도 적용할 수 없다. 그 때문에 다수의 형법학자는 두 개념의 상실을 너무나도 고통스럽게 여기는 나머지 최대한 이러한 상실을 피하고 책임에 기초한 응보를 구출해내기 위해 안간힘을 쏟는다. 그렇지만 흔히 형법의 필수 불가결한 토대로 여겨지는 이 두 개념 모두 실제로는 19세기의 입법과 사법에 아무런 영향도 미치지 못했다는 사실을 상기시킨다면 아마도 상실의 고통이 줄어들고 상실에 대한 반감도 사라질 것이다. 이 밖에도 보호형(Schutzstrafe)과 응보형을 서로 화해하게 만들려는 절충적 시도 역시 학문적으로 실패하고 말 것이다. 이에 관해서는 여기서 자세히 논의할 필요가 없다. 다만 오늘날 많은 형법

---

5 내가 오래전부터 주장해온 이 견해는 책임이 행위자의 정체성과 사회적 유사성에 기초한다고 보는 타르드(Tarde)의 견해와 내용이 비슷하다.

학 문헌이 이러한 절충적인 시도에 방향을 맞추고 있다는 사실은 형법학을 주도하는 학자들의 사고에서 양자의 대립이 결코 화해 불가능한 대립으로 여겨지지는 않는다는 증거라 할 수 있다는 점만을 지적하기로 한다.

어쨌든 결정론적 견해에서 출발하면 책임개념을 제거하는 결과에 도달하고, 이로써 범죄에 관해 과거와는 완전히 다른 **학문적** 견해에 도달한다. 그러나 일관된 비결정론, 즉 응보적 정의의 지지자들 역시 결정론과 똑같은 **실천적** 결론에 도달할 수 있고 또 도달해야만 한다는 점을 나는 단호히 주장한다. 이 주장의 타당성을 뒷받침하는 결정적 증거는 확신에 가득 찬 상태에서 일관되게 비결정론을 지지하는 학자들 역시 결정론적 관점에서 출발해 도달한 모든 실천적 결론과 똑같은 결론을 도출한다는 사실이다.

V. 그러므로 형법전은 계속 살아남을 것이다. 과거에도 그랬듯이 미래에도 계속 입법자는 어떠한 전제조건에 따라 형벌이 부과되어야 하는지를 확정하게 될 것이다. 그리고 앞으로도 계속 '각칙'은 개별적인 범죄를 열거할 것이고, '총칙'은 **모든** 범죄에 공통된 사항을 규정할 것이다. 하지만 지나치게 형식적이고 거추장스러운 내용 그리고 지나치게 정교한 법학적 구별들 가운데 상당수는 없앨 수 있고 또 없애게 될 것이다. 이 측면은 뒤이어(아래의 VI) 논의할 측면과 밀접한 관련이 있긴 하지만, 여기서 미리 몇몇 예를 통해 내가 무슨 생각을 하는지를 어느 정도 밝히고자 한다.

범죄개념들은 얼마든지 단순화할 수 있다. 예컨대 독일 형법은 다른 대다수 국가의 형법처럼 절도와 횡령을 구별하는데, 이 구별은 형사정책적 관점에서는 아무런 가치가 없다. 그리고 행위자의 내심과 관련된 표지에 따라 1급 살인(Mord)과 2급 살인(Totschlag)을 엄격히 구별하는 것은 완전히 잘못된 구별이다.[6] 이러한 단순화가 법학과 법실무에 얼마나 큰 영향을 미치게 될 것인지는 더 자세히 이야기할 필요가 없다.

형벌 범위를 변경하거나 확장하면 개별범죄의 가중구성요건 가운데 대다수는 삭제할 수 있다. 예컨대 오늘날 '특수절도'에 해당하는 사례 가운데 극소수의 사례만이 영업범의 위험성으로 인해 가중 처벌되어야 할 범죄 형태에 속한다는 점은 의심의 여지가 없다. 이렇게 볼 때 우리 형법전의 전체 조항 가운데 4분의 1은 얼마든지 삭제할 수 있다.

이 밖에도 우리 형법전의 총칙도 상당 부분 단순화할 수 있다. 예컨대 복잡하기 짝이 없는 공범론을 생각해 보면 된다. 만일 "발생한 결과의 조건을 형성한 자는 이 결과에 책임이 있다"라는 단순한 문장으로 형법전에 규정한다면 공범론의 극히 혼란스러운 논쟁을 불식시킬 것이고, 수많은 언어로 쓰인 엄청난 양의 문헌들이 쓸데없게 될 것이다.

따라서 형사정책적 견해가 우리 형법전에 영향을 미친다면, 우리 형법전이 기본적으로 순수한 논리적 및 개념적 요소에 한정되게 만드는 긍정적 방향으로 작용할 것이다. 오로지 고전학파만이 오랜 전통을 자랑하는 과거의 유산 대부분을 포기하는 데 대해 거부감을 드러낸다. 그러나 고전학파도 얼마든지 자신의 원칙을 배반하지 않고서도

6 이에 관해서는 벨기에지부 학회의 개막 연설에서 프린스(Prins)가 했던 타당한 지적이 실린 Mitteilungen Band. IV, S. 160 참고.

전통을 포기할 수 있다. 더욱이 전통을 포기함으로써 고전학파는 오히려 더 젊어지게 될 것이다.

VI. 범죄사회학의 연구결과에 기초한 형사정책은 형벌을 통해 범죄의 생물학적 뿌리, 범죄자의 인격, 범죄자를 범죄로 이끈 동기에 맞선 범죄 투쟁을 전개하고자 한다. 고전학파의 견해와 근대학파의 견해 사이의 근본적 차이는 전자가 **행위라는 외적 결과**를 결정적인 요소로 고찰하는 반면, 후자는 행위자의 **내적 심정**을 결정적 요소로 고찰한다는 점이다. 따라서 고전학파에서는 **범죄**를 처벌해야 하고, 근대학파에서는 **범죄자**를 처벌해야 한다는 식으로 두 학파의 대립을 표현하는 흔한 설명 방식은 불명확하고 혼란만 불러일으킬 따름이다.

두 학파 사이의 견해 대립을 정확히 파악하는 것은 매우 중요하다. "오늘날의 지배적인 견해에 따르면 법관은 기소의 대상인 **개별적** 행위만을 판단해야 한다. 즉 법관은 행위자의 삶에서 분리된 행위 자체, 다시 말해 논리적-법학적 추상화를 거쳐 분리된 행위만을 판단해야 하고, 법관은 행위 이전에 이루어진 것을 고려해서는 안 되며, 행위자가 미래에 보여주게 될 염려스럽거나 희망적인 상황도 고려해서는 안 된다고 한다. 따라서 행위자는 심판의 대상인 행위에 대해서만 대가를 치러야 하고, 행위자가 행위의 대가를 치렀다면 이 행위에 대한 속죄가 이루어진 것이며, 그래서도 일사부재리(ne bis in idem) 원칙이 중요하다고 생각한다.

이러한 지배적인 견해와는 반대로 우리 학회는 행위를 통해 드러나게 된 행위자의 **심정**이 결정적 의미를 지녀야 한다고 요구한다. 즉 법질서에 대한 행위자의 태도, 행위자의 모든 과거 그리고 법질서가 행위자의 미래와 관련해 기대하는 내용이 형벌의 종류와 척도를 결정해야 한다. 따라서 피고인이 처음으로 법정에 서게 된 사람인지 아니면 사법기관을 단골집 드나들듯 하는 자인지가 결정적 의미를 지녀야 한다."[7]

자주 언급되긴 하지만 여전히 분명하게 밝혀지지 않은 기회범과 상습범의 구별을 비롯해 범죄자를 집단별로 분류하려는 극히 다양한 시도는 그 자체 이러한 기본사상에 기초한다. 조건부 유죄판결도 이 사상에 힘입어 성립했고, 재범을 예방하기 위한 다양한 처분도 — 각 처분의 내용은 상당히 다르다 할지라도 — 모두 이 사상에서 비롯된 것이다. 이러한 측면들을 지적함으로써 나는 각 학파의 주도자들이 주장하는 것과는 달리 '과거의' 견해와 '새로운' 견해 사이에 커다란 차이가 없음을 보여주는 반박 불가능한 증거를 제시한 셈이다. 더욱이 이 측면과 관련해 변화를 모색하는 움직임은 고전학파 자체 내에서 태동했다. 따라서 우리의 과제는 고전학파에 의해 시작된 변화를 경험적 연구의 확고한 토대 위에서 일관되게 관철하는 일이다. 이 점에서 우리 학회의 슬로건이 결코 혁명이 아니라 개혁이라는 사실을 분명히 밝히기 위해 모두의 존경을 받는 형사정책의 대가인 프랑스 상원의원 르네 **베랭저**의 이름을 언급하는 것만으로 충분하다고 생각한다.

물론 우리는 사실을 편견 없이 포괄적이고 정확하게 탐구한다는

---

7 이에 관해서는 v. Liszt, "Die deterministischen Gegner der Zweckstrafe", in: *ZStW* XIII(1893), S. 354 참고.

핵심 문제를 아직 해결하지 못했다. 우리는 그동안 생래적 범죄자(delinquento nato)와 이보다 덜 위험한 유형의 범죄자가 지닌 인류학적 특성을 찾으려고 허둥대는 피상적인 연구로 말미암아 소중한 시간을 허비하고 말았다. 이제는 '범죄자 유형'이라는 미몽에서 깨어나, 냉정한 현실로 되돌아왔다. 즉 대다수 범죄자는 우리 모두와 똑같은 인간이고, 우리는 단지 외부 상황이 운 좋게 맞물려 범죄를 저지르지 않았을 뿐이라는 사실을 깨닫게 되었다. 우리는 지금 여전히 해결하기 어려운 엄청난 과제 앞에 서 있음을 알고 있다. 즉 범죄자를 범죄의 개별적 동기에 비추어 분류할 수 있는 토대가 되는 학문적 범죄연구라는 과제 앞에 서 있다. 이러한 연구 — 연구는 단순히 수치만을 제시하는 범죄통계가 아니라 개개의 체계적 관찰을 통해 수행되어야 한다 — 는 아마도 기회범과 상습범의 구별을 더 완벽하게 만들고 더 섬세하게 만드는 방향으로 흘러갈 것이다. 따라서 지금 시점에서 이미 이 구별 — 당연히 앞으로 이 구별을 더 섬세하고 완벽하게 만든다는 전제하에 — 을 입법의 토대로 삼을 수 있다.

이로써 우리 형법전의 형벌위협 체계 전체가 근본적인 변화를 겪게 될 것이라는 사실은 너무나도 분명하다.

이제 입법자의 예술 또는 기술은 특정한 범죄에 부합하는 종류의 형벌을 찾아내 이를 상한선과 하한선 내에서 형사법관이 사용할 수 있게 만드는 데 있다. 그다음 단계에서 입법자는 한 범죄의 더 무거운 사례(가중사례)를 탐색해 형벌의 상한선과 하한선을 상향 조정하거나 아니면 아예 더 중한 형벌 종류를 선택하게 된다. 당연히 이와는 반대되는 방향, 즉 더 가벼운 사례(감경사례)를 탐색할 때도 같은 방식을 거친다. 즉 입법자는 곳곳에서 '감경사유'를 인정할 것이다. 이렇게 하면 행위의 객관적 경중에 따라 단계화한 매우 다양한 형벌위협을 활용할 수 있는 행복한 상태에 도달할 것이다.

미래의 형사입법이 이러한 방법 이외의 다른 어떠한 방법을 취할 수 있단 말인가? 물론 앞으로도 계속 개별범죄에 따라 여러 가지 중대한 형벌을 위협하고, 이런저런 방식으로 형별의 상한선과 하한선을 확정해야 할 것이다. 하지만 그 이외의 다른 구별들은 없앨 수 있다. 왜냐하면 행위의 법학적 속성보다 행위자의 반사회적인 의미가 더 중요하게 될 것이기 때문이다. 이를 위해서는 형법전에서 지금은 찾아볼 수 없는 일련의 규정을 총칙에 두게 될 것이다. 즉 조건부 유죄판결에서 시작해 개선 불가능한 상습범죄자의 처우에 관한 규정에 이르기까지 다양한 규정이 총칙에 담기게 된다. 이처럼 행위자의 특성에 따라 다양하게 규정된 형벌에 관한 총칙 규정이야말로 종래의 형법전에 비해 새로운 형법전이 지닌 차별성이 그 어느 곳보다 더 뚜렷하고 구체적이며 명확하게 드러나는 지점이다. 즉 '(범죄인류학을 포함한) 범죄사회학적 연구가 형법의 기초개념에 미치는 영향'이 가장 강력하고 가장 일관되게 표출되는 영역은 바로 양형일 것이다.

Ⅶ. 이 측면은 내가 여기서 펼치는 마지막 고려에 직결된다. 우리는 형벌의 정도를 결정하는 기준을 행위를 통해 증명된 행위자의 심정에서 찾고자 한다. 하지만 이 과제가 얼마나 수행하기 어려운 과제인지를 뚜렷이 의식해야 한다. 특히 형사법관이 자신 앞에 범죄자가 서 있는 몇 분 또는 몇 시간 만에 처벌의 기준인 범죄자의 진정한 심정에 관

한 최종적 판단에 도달할 수 없다는 것은 너무나도 분명한 사실이다. 따라서 이 점에 관한 한 미래의 형법전은 오늘날의 형법전과 비교해 볼 때 오류가 발생할 위험성이 더 높다. 물론 유무죄판단과 관련해서는 오류가 발생할 위험성이 높아지지 않을 것이다. 범죄개념을 단순화한 이후에는 유무죄판단에 대한 대답이 지금보다 더 어려워지지는 않을 것이기 때문이다. 하지만 형벌과 관련된 판단은 피고인의 독특한 인격성에 대한 상세한 지식이 필수 불가결하기에 오류가 발생할 위험이 크다.

이처럼 형벌과 관련해 법관이 잘못 판단할 위험은 흥미로우면서도 동시에 어려운 문제를 불러일으킨다. 즉 법관의 양형이 최종적인 양형일 수 없다면 과연 어떻게 형벌 기간을 확정해야만 하는 것일까? 이 물음에 대답하기 위해 지금까지 어떠한 노력을 기울였고 어떠한 제안이 이루어졌는지는 잘 알려져 있다. 여기서는 내가 지금까지 제시된 구체적 해결방안들 하나하나를 비판적으로 언급할 수는 없고, 단지 이 해결방안들이 지닌 원칙적인 의미만을 밝힐 수 있을 따름이다.

가장 극단적인 해결방안은 '부정기형(indeterminate sentence)'이다. 이는 유죄판결을 선고하는 법관이 형벌 기간을 정하지 않고, 개별 사례에서 추구하는 형벌 목적의 달성 여부, 즉 행형의 효과에 비추어 정하는 방안이다. 이 방안에 따르면 형벌 목적이 달성되었는지, 어느 순간에 달성되었는지, 다시 말해 형벌이 얼마나 더 지속해야 하는지는 유죄판결 이후에 내려지는 별도의 결정을 통해 비로소 확인된다. 따라서 이 두 번째 결정은 개인의 자유와 전체 사회의 이익에 비추어 볼 때 법관의 유죄판결 못지않게 중요하고, 그 때문에 두 번째 결정은 첫 번째 결정과 똑같은 규범적 보장하에 있어야 한다. 이때 두 번째 결정을 유죄판결을 선고한 법원이 담당할 것인지 아니면 전문가로 구성된 별도의 기관이 담당할 것인지는 부차적인 문제일 뿐이다. 나는 이미 수년 전에 후자에 속하는 제안을 한 적이 있고,[8] 지금도 이 제안의 타당성을 확신하지만, 이 문제를 여기서 더 자세히 논의할 필요는 없다고 생각한다.

이러한 의미에서 '부정기형'을 도입하면 예컨대 법률에 해당하는 범죄에 대해 확정된 형벌의 상한선과 하한선이 곧 형기의 상한선과 하한선이 된다. 법률에 규정된 형벌 범위가 매우 넓을 수밖에 없다는 사정에 비추어 볼 때 이와 같은 불확정성은 오늘날의 법의식에 명백히 모순되고 사후적으로 형기를 확정하는 것 또한 노골적인 자의(Willkür)로 여겨지리라는 점을 잘 알고 있다. 그 때문에 나는 이미 1889년에 절충안을 제시했다.[9] 즉 법관이 법률에 규정된 형벌 범위 내에서 개별 사례에서 집행할 형벌의 상한선과 하한선을 제한할 수도 있다. 이렇게 되면 유죄판결을 받은 자는 형벌 목적이 이미 달성되었는데도 법관이 정한 형기가 만료하기 전에는 석방될 수 없게 되고, 거꾸로 형벌 목적이 달성되지 않았음을 확인할지라도 자유형의 상한선이 만료했다면 석방되어야 한다. 이 제안은 여러 가지 단점을 안고 있지만, 타협안이 지니는 장점을 완벽하게 갖추고 있다. 이 제안은 기존의 방식에 연계되어 있으면서도 동시에 이를 뛰어넘는 것이기도 하기 때문이다. 즉 이 제안은 형벌의 목적사상이 현재보다 훨씬 더 강한 영

---

8 이에 관해서는 v. Liszt, "Kriminalpolitische Aufgaben", in: *ZStW* IX(1889), S. 492 이하; in: *ZStW* X(1890), S. 53 참고.

9 앞의 각주 참고.

향력을 발휘할 수 있도록 해준다. 물론 나의 제안이 어중간한 절충안이라는 사실을 조금도 부정할 생각이 없다. 하지만 더디고 답답한 진보라 할지라도 올바른 길을 걷는 것이기만 하다면 전혀 목적에 반하지 않는다고 생각한다.

세 번째 제안은 현행법에 더욱 가깝다. 즉 법관은 지금과 마찬가지로 형기를 정하지만, 행형의 결과에 비추어 특정 기간을 단축 또는 연장하는 방법이다. 판결에서 선고된 형기의 **단축**은 이미 대다수 국가의 형법에 '가석방' 제도의 형태로 규정되어 있다. 그러나 형기 단축이 완벽하게 발전한 상태에 도달하려면 단축의 내재적 본질, 즉 법관의 판결에 대한 사후적 수정이라는 측면을 분명하게 인식해야 한다. 그래야만 형기 단축의 필수적 보충장치, 즉 판결에 확정된 형기의 **연장**도 전혀 부정할 대상이 아니라는 점을 분명하게 인식하게 될 것이다.

내가 현재 진행하는 이론적 연구에서는 앞에서 언급한 세 가지 제안 모두 똑같은 가치를 지닌다. 세 번째 제안을 포함해 모든 제안은 양형의 원칙에 대한 변경을 뜻하기 때문이다. 물론 이러한 변경은 얼마든지 기존의 다른 이론적 접근방법에 연결될 수도 있다. 하지만 우리가 표방하는 새로운 형사정책의 범죄사회학적 토대는 소박하고 때로는 지나치게 소심한 기존의 이론적 접근방법을 훨씬 뛰어넘는다. 그 때문에 국제형사학협회는 **형벌의 방식과 양형이라는 전쟁터에서 전투를 벌여야 한다.**

인물소개

라파엘레 가로팔로(Raffaele Garofalo, 1851~1934)

롬브로조, 페리와 함께 이탈리아 범죄인류학파의 대표적 학자이다. 변호사, 판사를 거쳐 나폴리 대학에서 형법을 강의했다.

아우구스트 가이어(August Geyer, 1831~1885)

오스트리아의 형법학자로 뮌헨 대학 교수였다. 특히 헤르바르트의 철학과 교육학을 법학에 접목한 학자로 유명하다. 『정당방위 이론』, 『법철학의 체계와 역사』 등의 저서가 있다.

에두아르 고끌레르(Edouard Gaukler, 1858~1905)

프랑스의 형법학자로 낭시 대학 교수였다. 리스트와 함께 국제형사학협회에서 활발한 활동을 벌였다.

율리우스 글라저(Julius Glaser, 1831~1885)

발베르크, 메르켈, 예링과 함께 빈 대학 교수로 재직했다. 발베르크와 빈 형법학회를 주도했다.

페터 놀(Peter Noll, 1929~1982)

스위스의 형법학자로 마인츠 대학, 취리히 대학 교수였다. 형법 문헌뿐만 아니라 오스트리아 작가 프리드리히 뒤렌마트와의 친교를 통해 희곡을 쓰기도 했다. 암에 걸렸는데도 치료를 거부하고 죽음에 관한 책을 써서 사후에 유명해졌다.

아돌프 도호우(Adolf Dochow, 1844~1881)
형법학자로 할레 대학 교수였다. 젊었을 때부터 상당히 촉망받는 형법학자였는데, 1881년 리스트와 함께 ZStW를 창간한 후 요절했다.

구스타프 라드브루흐(Gustav Radbruch, 1878~1949)
20세기 독일을 대표하는 법철학자이다. 하이델베르크 대학에서 형법과 법철학을 가르쳤으며, 바이마르 공화국의 사회당 정권에서 법무부 장관을 지냈다. 나치의 등장과 함께 교수직에서 해직되었다가, 2차 세계대전 이후에 다시 하이델베르크 대학 법과대학 학장을 맡아 독재 정권으로 폐허가 된 국가의 정신적 재건을 주도했다.

아돌프 라쏭(Adolf Lasson, 1832~1917)
철학자로 김나지움 교사와 베를린 대학 강사를 지냈다. 『법철학의 체계』를 썼다.

에른스트-요하임 람페(Ernst-Joachim Lampe, 1933~)
형법학자로 빌레펠트 대학 교수였다.

테오도르 렌크너(Theodor Lenckner, 1928~2006)
형법학자로 튀빙겐 대학 교수였다.

클라우스 록신(Claus Roxin, 1931~)
형법학자로 뮌헨 대학 교수였다. 20세기 독일을 대표하는 형법학자이다.

체사레 롬브로조(Cesare Lombroso, 1835~1909)
이탈리아 정신과 의사로 범죄학 연구로 명성을 날렸다. 범죄의 원인을 유전적·신체적 특징에서 찾았다.

칼 폰 릴리엔탈(Karl von Lilienthal, 1853~1927)

형법학자로 도호우의 제자이다. 도호우 사후 리스트와 함께 ZStW의 공동편집인을 맡았다. 1889년 리스트의 후임으로 마르부르크 대학 교수, 1896년부터 하이델베르크 대학 교수를 지냈다.

베르너 마이호퍼(Werner Maihofer, 1918~2009)

형법학자이자 법철학자로 자르브뤼켄 대학, 빌레펠트 대학 교수였으며, 무임소장관과 내무부 장관을 역임했다. 1975년 독일 형법 개정 때 택일안을 제시하여 형법안 대안 운동을 주도했다. 심재우의 스승으로 2009년 사망했다.

아돌프 메르켈(Adolf Merkel, 1836~1896)

형법학자로 빈 대학, 슈트라스부르크 대학 교수로 있었다. 리스트가 그라츠 대학의 강사로 있을 때인 1877년 예링의 『법의 목적』 제1권이 나왔는데, 예링은 그 책을 훗날 리스트의 논적이 되었지만 자신의 애제자였던 메르켈에게 헌정했다.

칼 안톤 요제프 미터마이어(Carl Anton Joseph Mittermeier, 1787~1867)

형법학자, 하이델베르크 대학 교수였다. 19세기 독일 형법학자들 가운데 국제적으로 가장 유명했다.

오토 미텔슈테트(Otto Mittelstädt, 1833~1899)

법률가이자 정치평론가로 프로이센 제국법원 배석판사를 지냈다. 비스마르크에 대한 비판으로 정치적으로 박해를 당했다. 정신병으로 조기에 은퇴한 후 1899년 로마에서 자살했다. 『독일제국 총리와 형사 사법』을 남겼다.

칼 루드비히 폰 바르(Carl Ludwig von Bar, 1836~1913)

형법 및 국제법학자로 괴팅겐 대학 교수였다. 『국제사법과 국제형법』, 『독일 형법과 형법 이론의 역사』 등의 저서가 있다.

위르겐 바우만(Jürgen Baumann, 1922~2003)
형법학자로 튀빙겐 대학 교수를 지냈다.

아돌프 바흐(Adolf Wach, 1843~1926)
소송법학자로 라이프치히 대학 교수였다. 작곡가 멘델스존의 딸 바르톨리와 결혼했으며, 형사소송법과 민사소송법 교과서를 썼다.

빌헬름 에밀 발베르크(Wilhelm Emil Wahlberg, 1824~1901)
체코 태생의 오스트리아 형법학자이다.

알베르트 프리드리히 베르너(Albert Friedrich Berner, 1818~1907)
형법학자로, 베를린 대학 교수였다. 형법학에서 헤겔학파를 창설하여 유럽 전역에서 명성을 얻었다. 『독일 형법 교과서』, 『사형 폐지』 등의 저서가 있다.

르네 베렝저(René Bérenger, 1830~1915)
프랑스 상원의원으로 1884년 부정기형과 조건부 유죄판결의 입법을 제안했고, 프랑스형법 제67조-제69조에 그의 제안이 반영되었다. 1889년 리스트는 국제형사학협회가 이 입법을 모범으로 받아들일 것을 제안했다.

체사레 베카리아(Cesare Beccaria, 1738~1794)
이탈리아의 대표적 형법학자로 사형제 폐지를 주장한 『범죄와 형벌』로 유명하다. 밀라노에서 태어나 밀라노 대학에서 교수를 지냈다.

한스 벨첼(Hans Welzel, 1904~1977)
독일의 형법학자로 목적적 행위론을 주장했다. 괴팅겐 대학, 본 대학에서 교수로 재직했으며, 우리나라 형법학계에도 큰 영향을 미쳤다.

안네-에바 브라우넥(Anne-Eva Brauneck, 1910~2007)
범죄학자로 라드브루흐의 마지막 제자 가운데 한 사람이다.

칼 폰 비르크마이어(Karl von Birkmeyer, 1847~1920)
형법학자로 뮌헨 대학 교수였다.

안톤 빌러트(Anton Willert)
판사였으며, 크레펠린의 매형이다. 법률가가 아니었던 크레펠린에게 필요한 법학 지식을 가르쳐주곤 했다.

테오도르 라인홀트 쉬체(Theodor Reinhold Schütze, 1827~1897)
오스트리아 그라츠 대학 교수였으며, 독일 킬 출신이다. 저서로 형법 교과서가 있다.

루돌프 슈미트(Rudolf Schmitt, 1922~2011)
형법학자로, 프라이부르크 대학 교수였다.

에버하르트 슈미트(Eberhard Schmidt, 1891~1977)
리스트의 제자로 브레스라우 대학, 킬 대학, 함부르크 대학 교수를 지냈다. 리스트의 교과서를 물려받았으며, 2차 대전 이후 특히 형사소송법 분야의 독보적 학자였다.

귄터 슈트라텐베르트(Günter Stratenwerth, 1924~2015)
한스 벨첼의 제자인 형법학자로 스위스 바젤 대학 교수였다.

발터 슈트레(Walter Stree, 1923~2006)
형법학자로 뮌스터 대학 교수였다.

한스 슐츠(Hans Schultz, 1912~2003)
스위스의 형법학자로 베른 대학 교수였다.

알렉산더 폰 외팅겐(Alexander von Oettingen, 1827~1905)
신학자이자 사회윤리학자로 도르파트 대학 교수였다. 사회윤리학의 창시자로 알려져 있으며, 『사회윤리학에서 도덕통계학이 갖는 의미』, 『법사학적 기초에서 본 기독교 종교 이론』 등의 저서가 있다.

칼 리하르트 존탁(Karl Richard Sontag, 1835~1910)
형법학자로 프라이부르크 대학 교수였다. 『독일 형사소송법의 보석 제도』, 『결투에 대한 형사처벌』 등의 저서가 있다.

에른스트 지하르트(Ernst Sichart, 1833~1908)
형법학자로 특히 범죄학과 행형학의 선구자 가운데 한 사람이다. 『재범과 재범 퇴치에 관하여』, 『자유형 집행법 초안』 등의 저서가 있다.

아르투어 카우프만(Arthur Kaufmann, 1923~2001)
형법학자이자 법철학자로 뮌헨 대학 교수였다.

랑베르 아돌프 자크 케틀레(Lambert Adolphe Jacques Quetelet, 1796~1874)
벨기에의 통계학자, 천문학자, 기상학자로 1828년 브뤼셀 천문대장을 역임했다. 인간의 능력을 수치로 표현하는 평균인 개념을 창출했다. 신장에 대한 체중의 비율로 나타내는 체격 판정 지수를 케틀레 지수라 한다.

에두아르트 콜라우쉬(Eduard Kohlrausch, 1874~1948)
형법학자로 베를린 대학 교수였다. 리스트의 제자로 리스트 사후 그의 후임으로 베를린 대학 교수가 되었다. 1905년부터 ZStW의 공동편집인을 맡았다.

에밀 크래펠린(Emil Kraepelin, 1856~1926)
심리학자이자 정신병리학자로 하이델베르크 대학과 뮌헨 대학 교수를 역임했다. 독일 법정심리학의 선구자 가운데 한 사람이다. 『심리학 입문』, 『정신병리학』 등의 저서가 있다.

게오르크 크루젠(Georg Crusen, 1867~1949)
형법학자로 할레 대학에서 리스트의 지도로 박사학위를 받았다. 『유럽 각국의 형법』 저술에 참여했다. 하노버에서 변호사를 했고, 일본의 교도소 시스템 도입을 위해 파견된 적이 있으며, 중국 칭따오 독일 조차지의 판사를 역임했다. 단치히 법원장을 마지막으로 은퇴했다.

에른스트 페르디난트 클라인(Ernst Ferdinand Klein, 1744~1810)
할레 대학 교수로 독일 계몽기의 대표적 법학자였다. 프로이센 일반 란트법의 형법과 혼인법 제정에 가장 중요한 역할을 했다.

울리히 클룩(Ulrich Klug, 1913~1993)
형법학자, 법철학자로 쾰른 대학 교수였다. 베를린 주 법무부 장관을 역임했다.

가브리엘 타르드(Gabriel Tarde, 1843~1904)
프랑스의 범죄학자이자 사회학자이다. 범죄가 모방에 기인한다는 이론으로 유명하다. "범죄의 원인은 범죄자 이외의 모든 사람에게 있다"는 말을 남겼다.

엔리코 페리(Enrico Ferri, 1856~1929)
이탈리아의 형법학자이자 범죄사회학자로 형법학에서 실증주의학파를 창설했다. 볼로냐 대학, 시에나 대학, 피사 대학, 로마 대학에서 형법을 강의했고, 사회당 국회의원이 되었다가 파시스트로 전향했다. 『이탈리아 형법 초안』, 『범죄사회학』 외에도 『정치가로서의 무솔리니』, 『이탈리아 파시즘과 베니토 무솔리니의 업적』이란 책을 썼다.

파울 요한 안젤름 리터 폰 포이어바흐

(Paul Johann Anselm Ritter von Feuerbach, 1775~1833)

독일의 법학자로 일반예방 효과의 근거로 제시한 심리강제설로 유명하다. 바이에른 형법을 기초했다. 철학자 루드비히 포이어바흐는 그의 넷째 아들이다

베누아 아돌프 조르쥬 프린스(Benoit Adolphe Georges Prins, 1845~1919)

벨기에의 형법학자이자 범죄학자로 브뤼셀 대학교수로 있으면서 1889년 리스트, 하멜과 함께 국제형사학협회를 창립했다.

에른스트-발터 하낙(Ernst-Walter Hanack, 1929~)

형법학자이자 범죄학자로 마인츠 대학 교수였다. 성형법 연구로 유명하다.

게라르두스 안토니우스 반 하멜(Gerardus Antonius van Hamel, 1842~1917)

형법학자로 암스테르담 대학 교수였다. 1889년 리스트와 함께 국제형사학협회를 창설했다.

빈프리트 하세머(Winfried Hassermer, 1940~2014)

형법학자. 프랑크푸르트 대학 교수였으며, 독일 연방헌법재판소 부소장을 역임했다.

칼 프리드리히 루돌프 하인체(Karl Friedrich Rudolf Heinze, 1825~1896)

형법학자로 라이프치히 대학 교수, 작센 주의회 의원을 지냈다. 『독일의 배심법원』, 『제국형법과 주형법의 관계』 등의 저서가 있다.

황산덕(1917~1989)

고려대학교 법과대학과 서울대학교 법과대학에서 법철학과 형법을 가르쳤으며, 문교부 장관과 법무부 장관을 역임했다. 독일의 형법학자 한스 벨첼의 이론을 수용하여 이른바 목적적 행위론을 주장한 대표적인 학자였다. 한때 그의 형법 교과서는 우리나라 고시생들의 필독서였다.

요한 프리드리히 헤르바르트(Johann Friedrich Herbart, 1776~1841)
철학자, 교육학자, 심리학자로 괴팅겐 대학 교수였다. 독일교육학의 대표적 학자이다. 『심리학 입문』, 『교육학 강의』 등의 저서가 있다.

후고 헬쉬너(Hugo Hälschner, 1817~1889)
헤겔학파의 형법학자로 본 대학 교수였다. 『프로이센 형법의 체계』 등을 남겼다.

로베르트 폰 히펠(Robert von Hippel, 1866~1951)
법률가 집안에서 태어나 리스트의 제자가 되었다. 그의 형사소송법 교과서는 지금도 자주 인용된다.

옮긴이 후기

가족이 사는 독일 헤센주의 제하임Seeheim-Jugenheim 집에서 이 글을 쓰고 있다. 어지간한 독일사람도 모두 처음 들어본다고 말하는 작은 마을인데, 프란츠 폰 리스트가 바로 이곳에서 말년을 보내다가 작고하였다고 한다. 그렇지만 내가 이 책에 부록으로 실린 논문 「사회학적, 인류학적 연구가 형법의 기초개념에 미치는 영향」을 번역한 것은 아내 직장을 따라 여기로 이사 오기 한참 전의 일이니 이러한 지연 때문은 아니다. 더욱이 리스트로부터 라드브루흐, 카우프만, 하세머를 거쳐 배종대 선생님 그리고 나까지 백 년 넘게 이어진 사제지간의 학연 때문도 아닌 것 같다. 기억해보자면, 누구나 한 번쯤 들어본 유명한 표현이 논문에 나오는 것을 처음 발견한 유학 시절에 이를 우리말로 옮길 계획을 세웠던 듯하다. '형법은 범죄인의 마그나카르타'라는 것과 '형법은 형사정책이 뛰어넘을 수 없는 한계'라는 유명한 표현이 등장한 것이 바로 이 논문인데, 표현의 맥락을 정확히 소개하려는 뜻에서, 그리고 더는 국내 문헌에서 재인용을 반복하지 않게 하고자 논문을 번역하고 싶었다. 형벌과 구별되는 형법 자체의 이념, 범죄를 향한 현실적인 요청에 대응하는 형법의 가치를 이 두 문장만큼 간명하게 축약한 말은 아마 없을 것으로 생각한다.

이 논문보다 더 유명한 또는 이 논문만큼 유명한 「형법의 목적사상」

은 심재우 선생님께서 1977년에 처음으로 국내에 번역 소개하셨고, 선생님의 제자인 윤재왕 교수가 선생님의 번역을 다시 가다듬고 역시 선생님의 제자인 차병직 변호사가 해제를 달아 2012년에 도서출판 『강』에서 『마르부르크 강령』이라는 제목으로 출판되었다. 책은 그사이 절판되었고, 심재우 선생님께서는 2019년 우리 곁을 영원히 떠나셨다. 이제 선생님의 4주기를 맞아 2012년에 출간된 이 책은 선생님의 학문적 손자인 나의 손을 거치게 되어 2012년 판을 다시 한번 가다듬고 앞서 말한 논문을 부록으로 추가해 『프란츠 폰 리스트의 형법사상』이라는 제목을 달아 출간한다. 나의 손을 거침으로써 이 책은 학문적으로 3대가 한자리에 모인 증거가 된 셈이다. 한편으로는 뿌듯한 마음이지만, 이 역사성을 걸머지고 있다는 무게감이 어깨를 누른다. 하지만 이 역사의 출발점을 마련하신 선생님에 대한 회상과 추모의 뜻을 더 앞세우고 싶다.

대학원 시절이 자주 생각난다. 학부 내내 법학에 집중하지 못한 채 불안해하던 삶으로부터 기적적으로 나를 구해주었다. 독일어라곤 '이히 리베 디히' 밖에 모르는 막내를 붙들고 수많은 원서를 같이 읽어주면서도, 거의 매일 점심밥과 저녁술까지 챙겨준 그 선배들이 요즘 들어 더 그립다. 오랜만에 모두 다시 만날 기회를 만들어볼 수 있을까. 심재우 선생님께서 심어두신 학문적 뿌리로부터 여전히 모든 자양분을 얻어갈 수밖에 없음을 이야기할 때 이 책도 하나의 좋은 소재가 될 것이다.

2023년 7월

홍영기

지은이

프란츠 폰 리스트(Franz von Liszt, 1851~1919)

독일의 형법학자. 피아니스트 리스트의 사촌 동생이기도 한 그는 오스트리아 빈에서 태어나 빈 대학에서 법학을 전공했다. 스승인 법학자 루돌프 폰 예링에게 큰 영향을 받았으며 기센, 마르부르크, 할레 대학을 거쳐 베를린 대학에서 형법과 국제법, 법철학 등을 가르쳤다. 1881년 『총체적 형법학 잡지ZStW』를 창간했으며, 이 잡지를 통해 독일 형법학의 학문적 수준을 세계 최고로 만들었다. 1882년 마르부르크 대학 취임기념 강연이 바로 이 책 『마르부르크 강령』의 텍스트가 된 「형법의 목적사상」으로 이 기념비적인 강연 원고는 국가 형벌권의 근거를 범죄의 예방으로 확립한 리스트 형법 사상의 핵심을 담고 있다. 1888년 훗날 형사학 연구소로 발전하는 형사학 세미나를 처음 열었으며, 1889년에는 국제형사학협회를 설립했다. 명저 『독일 형법 교과서』는 그가 사망한 1919년까지 22판을 거듭했다. 1980년대 초 기센 대학에 '프란츠 폰 리스트 연구소'가 설립되었고, 베를린 훔볼트 대학에도 같은 명칭의 연구소가 있다.

옮긴이

심재우

1933년 강릉에서 태어나 고려대학교 법과대학과 대학원 법학과를 졸업하고 독일 빌레펠트 대학교 법과대학에서 「저항권과 인간의 존엄」으로 박사학위를 받았다(1973년). 1974년부터 고려대학교 법과대학에서 법철학과 형사법을 강의하면서 학생들에게 법과대학이 단순히 조문을 다루는 기술자들을 생산하는 공장이 아니라는 사실을 깨닫게 해주었다. 답안지에 어떻게든 '인간의 존엄'이라는 단어가 들어가면 높은 학점을 받을 수 있다고 소문이 날 만큼 '인권'과 '인간의 존엄'이 곧 법의 정신임을 역설하는 정열적인 강의로 유명했다. 법철학과 형사법에 관련된 다수의 논문을 발표했고, 필생에 걸친 학문적 화두인 「저항권」이라는 제목의 단행본을 출간했으며, 독일 스승 베르너 마이호퍼의 「법치국가와 인간의 존엄」, 「법과 존재」, 저항권의 역사적 전개과정을 다룬 「폭정론과 저항권(헬라 만트)」 그리고 루돌프 폰 예링의 고전 「권리를 위한 투쟁」을 번역했다. 한국법철학회와 한국형사법학회 회장을 역임했다. 2019년 9월 28일 善終했다.

윤재왕

고려대학교 법학전문대학원 교수

홍영기

고려대학교 법학전문대학원 교수

해제

차병직

법무법인 한결 변호사

몽록(夢鹿) 법철학 연구총서 8

프란츠 폰 리스트의 형법사상 — 마르부르크 강령

초판발행 2023년 9월 28일

지은이 프란츠 폰 리스트
옮긴이 심재우 · 윤재왕 · 홍영기
펴낸이 안종만 · 안상준

편 집 이승현
기획/마케팅 조성호
표지디자인 이영경
제 작 고철민 · 조영환

펴낸곳 (주) 박영사
서울특별시 금천구 가산디지털2로 53, 210호
(가산동, 한라시그마밸리)
등록 1959. 3. 11. 제300-1959-1호(倫)
전 화 02)733-6771
f a x 02)736-4818
e-mail pys@pybook.co.kr
homepage www.pybook.co.kr
ISBN 979-11-303-4490-4 93360

정 가 14,000원